진시황을
겁쟁이로 만든
단 한 사람

친구와
함께 읽는
고전
003

진시황을 겁쟁이로 만든 단 한 사람

-《사기열전》단단히 읽기

2쇄 펴낸날 | 2020년 5월 15일
1쇄 펴낸날 | 2018년 4월 6일

원저 | 사마천
지은이 | 이양호

편집 | 김관호
일러스트 | 김소영
마케팅 | 홍석근
디자인 | 랄랄라디자인

펴낸곳 | 도서출판 평사리 Common Life Books
출판신고 | 제313-2004-172 (2004년 7월 1일)
주 소 | 경기도 고양시 덕양구 중앙로558번길 16-16, 7층
전 화 | 02-706-1970 팩 스 | 02-706-1971
전자우편 | commonlifebooks@gmail.com

ISBN 979-11-6023-234-9 (03160)
ISBN 979-11-6023-224-0 (세트)

잘못된 책은 바꾸어 드립니다.
책값은 뒤표지에 있습니다.

친구와
함께 읽는
고전
003

진시황을 겁쟁이로 만든 단 한 사람

《사기열전》 단단히 읽기

사마천 원저 | 이양호 지음

평사리
Common Life Books

일러두기

- 이 책의 원문은 사마천의《사기열전》〈자객열전〉의 '형가' 편 전문을 번역한 것입니다.
- 인명과 지명은 〈한글맞춤법 외래어 표기법〉에 따랐으나, 일부는 한자어 발음을 따랐습니다.
- 각주와 괄호 안 설명은 지은이가 붙인 것으로 따로 명기하지 않았고, 편집자가 붙인 것은 '(— 편집자)'라고 표기했습니다.

들어가는 글

전쟁의 참혹함과 인문적 성취, 이 둘은 함께 자리할 수 없는 것처럼 보인다. 그러나 그 둘 모두의 끝을 동시에 보여주었던 때가 있었다. 춘추전국시대다. 한자 문명권의 학문적 성취는, 그 시대에 파놓은 샘에서 솟아나와 이룬 강물이다. 큰 스승을 뜻하는 '자子'가 들어간 사람들이 대부분 그 시대에 태어나, 그 시대를 살다, 그 시대에 죽었다. 공자, 노자, 묵자, 양자, 증자, 장자, 맹자, 한비자, 순자, 손자, 귀곡자. 널리 알려진 스승만 꼽아도 이렇다. 이분들이 밝힌 불은 개인주의부터 박애주의까지 다채롭고 휘황찬란했다.

그때 40만 명의 생때같은 목숨이 산 채로 구덩이에 던져졌다. 흙덩이가 살아 있는 목숨 위로 던져졌고, 그대로 무덤이 되었다. 세상이 생겨난 이래 그렇게 잔인한 무덤은 없었다. 장평 전투가 남긴 무덤이었다. 산 채로 무덤이 되어야 했던 까닭은 딱 하나다. 전쟁에

패했기 때문이다.

비가 오지 않는데도 큰 도시가 물에 잠기고, 넓은 농토가 홍수에 완전히 쓸려나가는 일이 몇 번이나 일어났다. 도도하게 흐르는 황하 물줄기가 방향을 바꿔 갑자기 도시와 농토로 밀려든 것이다. 한 나라의 수도를 물속 도시로 만들어버리면 끝내 손들고 나올 수밖에 없지 않겠느냐는 무시무시한 잔혹함이 만들어낸 결과였다. 히로시마에 떨어졌던 핵폭탄의 위력이 이만했을까? 진秦나라가 위나라(양나라)의 수도인 대량을 포위했는데도 위나라가 항복하지 않자, 항복을 받아내기 위해 진나라가 내린 결정(기원전 225년)이었다. 핵폭탄이 터지자 손을 든 일본처럼, 위나라도 바로 항복을 했다.

한 도시를 통째로 물속 도시로 만들어버리고, 마을을 이루고 사는 평민들의 목숨과 농토를 큰물로 휩쓸어 강물로 만들어버리는 이런 무지막지함은 진나라만의 무지막지함은 아니었다. 초나라도, 조나라도, 진晉나라도 그랬다. 이런 수공작전은 여차하면 시행되었다. 핵폭탄이 군인과 민간인, 짐승과 식물을 가리지 않고 한 도시의 생명 전체를 초토화시키듯, 물폭탄도 그랬다.

백화제방百花齊放, 즉 온갖 꽃이 흐드러지게 핀 것처럼 학문과 예술, 사상이 일제히 빛을 뿜어냈다는 시대에, 어떻게 그런 일이 일어날 수 있었단 말인가? 장자가 이름을 날리고, 맹자가 제후들을 만나고, 순자가 1,000명이 넘는 학자들이 모인 국립대학(제나라가 세운

직하학당)의 총장을 맡고 있을 때 일어난 일이라는 게 믿기지 않지만, 사실이다. 이렇게 모순된 시대가 춘추전국시대다.

춘추전국시대는 춘추시대와 전국시대로 나뉜다. 춘추시대는 중국의 종주국인 주나라가 서쪽 융족의 침략을 막아내지 못하고, 동쪽으로 옮겨갔던 때(기원전 770년)부터 시작된다. 춘추시대의 끝이 언제인가에 대해선 여러 말이 있다. 중원의 강국이었던 진晉나라가 찢어져 세 나라로 된 사건을 춘추시대가 끝나고 전국시대가 시작되는 것으로 보는 것이 가장 강력한 견해다. 진晉나라의 세 유력 가문에 의해 그 나라가 세 조각으로 나뉘어, 각각 한韓·위魏·조趙나라가 된 사건이다.

이 사건이 특별한 것은, 신하에 의한 찬탈을 종주국인 주나라가 승인(기원전 403년)할 수밖에 없었다는 점 때문이다. 주나라 왕의 힘이 유명무실하다는 것을 '공식적'으로 인정한 셈이다. 이것은 중국 천하를 하나로 묶고 있던 봉건제가 무너졌다는 소리다. 이제 중국 천하는 없어진 것이다.

대신에 중국 땅에 여러 나라가 '독립적'으로 존재하게 되었다. 형식적으로는 세 나라로 갈린 진晉나라를 빼고 다른 나라는 모두 이전 그대로였다. 하지만 그들 나라의 성격은 바뀌었다. 주나라에 묶여 있던 끈이 끊어졌기 때문이다. 이제는 정말로 각자도생해야 하는 시대가 되었다. 이때부터 시작해서 진시황에 의해 통일될 때까지를 전국시대라 한다.

주나라의 힘이 전국시대가 되자마자 갑자기 약해진 건 아니다. 종주국인 주나라가 터전을 동쪽으로 옮긴 동주시대, 즉 춘추시대의 시작부터 주나라의 물리적인 힘은 아주 약했다. 하지만 종주국이라는 관습적인 힘은 어느 나라도 무시할 수 없었다. 그래서 춘추시대 내내 중국에서 왕이란 명칭은 주나라만 쓸 수 있었다. 다른 나라의 우두머리는 공公, 후候, 백伯, 자子로 불렸다.* 주나라는 여전히 명목상으로는 종주국으로 여겨졌고, 다른 나라들은 자기 나라의 우두머리를 '-왕'이라 하지 않고 '-공', '-후'라 하여 주나라의 하위에 놓았지만, 주나라는 실제적인 힘이 없어 다른 나라들을 관리 조정할 수 없었다.

하지만 관리와 조정 역할은 필요했다. 주나라가 못하는 이 역할을 스스로 떠맡겠다고 나선 것이 이른바 '춘추 5패'다. 이들을 '패자覇者'라 하는데, 패자는 여러 제후들을 한 자리에 모아 놓고 결의문을 채택할 만한 힘이 있어야 했다. 맹서를 주관한 인물이란 뜻으로 패자를 '맹주'라고 할 수도 있다. 패자는 힘으로 다른 나라를 윽박지르고 속국으로 만들기도 했지만, 기본적으로 기존 질서에 대한

* 춘추시대 말기에 초나라가 '왕'을 칭하고, 그 막바지에 오나라와 월나라도 왕이라 자칭했지만, 이건 그 맥락이 조금 다르다. 주나라를 비롯해 중원의 나라들은 초나라를 야만의 나라로 취급하고, 오·월은 오랑캐라고 깔보았다. 그들이 제대로 대접을 안 해주자, 이 세 나라도 나름 독자적인 정치체제임을 선언하고 '왕'이란 호칭을 쓴 것이다.

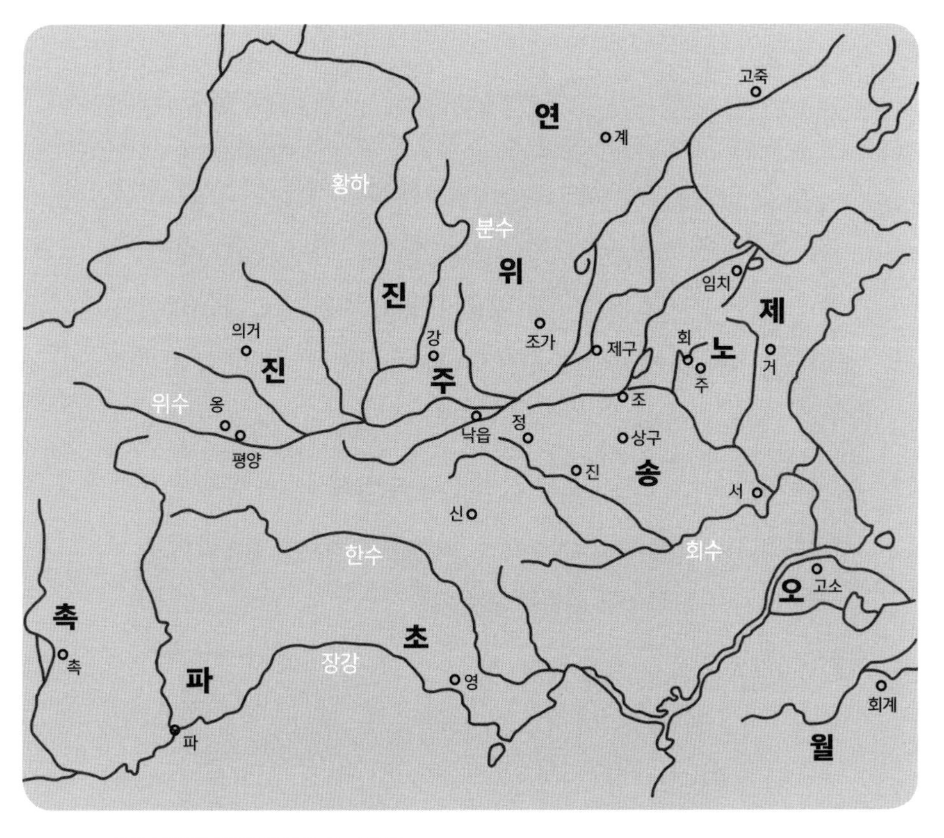

춘추시대의 형세(기원전 494년경)

존중에서 확 벗어날 수는 없었다. 그래서 이때의 전쟁은 상대적으로 덜 참혹했고, 초기에는 낭만적이기까지 했다.

춘추 초기 전쟁은 심하게 말하면 귀족들의 과격한 스포츠 같았다. 전차를 갖추어 싸우는데, 전차엔 세 명이 탔다. 말몰이꾼과 활 쏘는 사람 그리고 귀족이 한 팀을 이뤘다. 싸울 때도 기습 공격이나, 속임수를 쓰지 않았다. 언제 어디에서 싸우자는 게 먼저 결정되고, 그날이 되면 양쪽이 대열을 제대로 다 갖춘 다음에 전차 싸움이 시작되었다. 큰 상처를 받은 사람은 다시 찌르지 않는 게 불문율이었으며, 100보쯤 도망가면 뒤쫓지 않는 것도 싸움의 불문율이었다. 싸움은 대부분 하루를 넘기지 않았다.

춘추시기 귀족들은 모두 전차를 사용했기 때문에 전투 역시 양편이 전차를 정렬해 놓고 전쟁에 돌입하는 경우가 많았다. 전차전에서 불리한 위치에 몰린 쪽은 순식간에 엉망진창이 되었기 때문에 새로 대오를 정돈해야만 했다. 즉, 한 번 무너지면 곧 그 자리에서 승부가 결정되었다. 춘추시기의 대규모 전투로 꼽히는 성복과 필 전투는 모두 단 하루 만에, 언릉 전투는 이틀 만에 승패가 판가름 났다.*

* 양쯔강 지음, 고예지 옮김, 《천추흥망, 진나라편》(따뜻한손, 2009), 142쪽.

이랬던 전쟁이 춘추 말기, 즉 공자가 활동하던 시기부터 살벌해지기 시작해 전국시대에 오면 대규모 살육전이 되었다.

전국시대 중후기에 이르러서는 그 전쟁의 규모가 춘추시대의 10배, 100배에 달했고, 그 빈도와 격렬함 역시 이전과는 비할 수 없을 정도였다. (……) 전국후기에 이르러서는 참전병력규모가 10만은 보통이었고 심지어 100만에 이르는 경우도 있었다."*

도대체 군인이 얼마나 많았으면 2,300년 전에 이렇게 큰 대규모 전쟁을 했단 말인가? 싸울 수 있는 장정 거의 전부가 군인이었다. 전국시대 중국의 인구는 얼추 2,000만이 조금 넘었다. 그 중 "역사서 기록에 의하면, 전국후기 진秦과 산동 6국(이들을 가리켜 전국시대 7웅이라 한다)에는 500여 만 명의 군대가 있었다."

전국시대 7웅은 이렇게 거대한 군대를 거느리고서 허구헌 날 전쟁을 했다.

《전국책》《사기》《자치통감》 등에 실린 사료의 통계에 따르면, 기원전 321년부터 기원전 221년까지 전국시대의 마지막 100년간 각국의 전

* 양쯔강 지음, 고예지 옮김, 《천추흥망, 진나라편》(따뜻한손, 2009), 118~119쪽. 이하 같음.

쟁 기간은 진나라 80년, 조나라 47년, 위나라 38년, 한나라 31년, 초나라 27년, 제나라 20년, 연나라 19년이었다(한 해 동안 참가한 전쟁 횟수에 상관없이 모두 1년으로 계산). 이렇게 본다면, 진나라는 역사의 5분의 4에 해당하는 세월을 전쟁으로 보냈고, 6국은 평균 2~3년 또는 4~5년에 한 번 꼴로 전쟁을 벌였다. 그러나 한 번 시작된 전쟁은 몇 년간 계속 이어지는 경우가 많았다.

맹자, 장자, 순자가 한창 활동할 때 그런 일이 발생한 것이다.

첫 패자였던 제나라 환공과 조말 사이에 있었던 일도 그 당시의 모습을 그리는 데 도움을 준다. 노나라와 제나라 사이에 싸움이 몇 번 있어 제나라가 노나라 땅을 많이 빼앗았다. 마침내 두 나라는 화친을 맺기로 했다. 제나라 환공과 노나라 장공이 단상에서 조약 절차를 밟고 있는데, 노나라 장수 조말이 단상 위로 한달음에 올라왔다. 손에 비수를 쥐고서 말했다. "노나라 도성 담벼락이 무너지면 제나라 땅에 닿을 지경입니다. 제나라는 노나라에 너무 깊숙이 들어왔습니다. 군주께서 이 점을 헤아려주십시오." 제나라 환공이 빼앗은 땅을 돌려주기로 하자, 조말은 단상을 내려가 제자리로 갔다. 그런데 제나라 환공이 조금 전 약속을 취소하려 했다.

그러자 제나라 재상 관중이 말했다. 어쨌든 이미 한 약속을 어기면 제후들의 신뢰를 잃게 되니 "약속대로 땅을 돌려주라"고 했다.

제나라는 빼앗은 땅 전부를 돌려주었다. 춘추시대 중기까지만 해도 제후들은 약속을 이렇게 중시했고, 땅을 뺏고 뺏기는 것도 조금은 낭만적이었다.

하지만 전국시대 말기엔 속임수와 협잡이 난무했다. 장의와 소진으로 대표되는 합종연횡이 그 결정판이다. 나라와 나라 사이에 신의는 헌신짝보다 못했다. 지속적인 신의관계는 찾으려야 찾을 수가 없었다.

초나라가 힘을 잃게 된 것도 진秦나라의 속임수에 넘어간 게 결정적이었다. 전국시대 중기 세력 판도는 강대국, 중견국, 소국으로 나뉘었다. 강대국은 진나라, 초나라, 제나라, 조나라였고, 한·위魏·송·노·연·위衛는 중견국가였고, 파·촉·등·괵과 같은 소국이 여기저기 있었다.

초나라와 제나라가 손을 잡고 있었다. 진나라는 그 둘을 떨어뜨리지 않으면 더 이상 동쪽으로 침범해 들어갈 수 없다고 생각했다. 두 나라를 상대로 뇌물로 공작을 하고, 땅으로 속임수를 썼다. 진나라는, 초나라가 제나라와 친선관계를 끊으면 초나라에 600리를 떼어주기로 약속하고선, 비밀리에 제나라와 친선관계를 맺었다.

진나라의 속셈을 모른 초나라는 진나라의 제안을 받아들일 것인가를 두고 내부 분열이 일어났고, 진나라가 준 뇌물을 먹은 초나라 관료들의 주장이 받아들여져, 제나라에 모욕을 주며 관계를 끊었다. 그것을 확인한 진나라는 오리발을 내밀었다. 600리가 아니라, 6리를 떼어주겠다고 했다며 우겼다. 결국 초나라는 제나라와 진나라에 협공을 당하는 꼴이 되었다. 초나라는 중원으로 침략해 들어가는 것을 단념해야 했다.

이후에도 초나라는 진나라의 속임수와 공작정치에 몇 번 더 놀아나, 끝내 진나라에 나라를 내줘야 했다. 이 와중에 중국 최고의 문인이자 비운의 정치가인 굴원의 비통함과 자살이 있었다. 진나라의 속셈을 꿰뚫어보고서도 어쩌지 못하는 사람의 마지막이었다. 그가 지은 〈어부사〉는 혼탁한 세상일망정 혼탁하게 살 수는 없다는 고고한 외침이다.

쫓겨난 뒤 굴원은 강가와 연못가를 거닐며 시를 읊조렸다. 안색은 초췌하고 몸은 비쩍 말라있었다. 어부가 그를 보고 물었다.

"그대는 삼려대부三閭大夫가 아니오. 어쩌다 이 지경에 이르렀소?"

굴원이 대답했다.

"온 세상이 모두 흐린데 나만 홀로 맑고, 모든 사람들이 다 취했는데 나만 홀로 깨어 있었소. 이 때문에 추방당했소."

어부가 말했다.

"성인聖人은 어떤 것에도 매이지 않고 세속과 더불어 사는 것이오. 세상 사람들이 흐린데, 그대는 어찌하여 진흙탕을 휘저어 그 구정물이 드러나게 하지 않았소? 세상 사람들이 다 취했는데, 어찌하여 그대는 술을 마시고 술지게미를 먹지 않았소? 무슨 까닭으로 깊이 생각하고 높이 행동하여 자신을 쫓겨나게 하였소?"

굴원이 대답했다.

"'새로 머리를 감은 사람은 반드시 갓을 털고 쓰고, 새로 목욕한 사람은 반드시 옷을 털고 입는다'라고 했소. 깨끗한 내 몸에 어떻게 더럽고 지저분한 것을 집어넣게 할 수 있겠소. 강물에 뛰어들어 물고기 뱃속에 묻힐지언정, 하얗게 빛나는 내 몸을 어떻게 세속의 진흙탕 속으로 집어 던질 수 있겠소."

어부가 빙그레 웃고는 노를 저어 떠나면서 노래했다.

"창랑의 물이 맑으면 내 갓끈을 빨 수 있고, 창랑의 물이 흐리면 내 발을 씻을 수 있다네."*

이 시를 남기고 굴원은 멱라수에 몸을 던졌다. 반듯하고 기품 있게 빼어났던 사람들은 정치 일선에 설 수 없었던 시대였다. 맹자, 순자에게도 나랏일이 맡겨지지 않았다. 천 리 길을 멀다 하지 않고 이 나라를 가고 저 나라를 가도 헛걸음이었다. 일을 반듯하게 하고 싶은 열정은 가슴에서 활활 타올랐지만, 세력자들은 나랏일을 품

* 요코다 고레다카[橫田惟孝] 편찬, 《한문대계 22 초사》, 〈권5. 연나라 어부 제7 이소〉, 24쪽.

격 있는 사람들 손에 맡기지 않았다. 전쟁의 신은 기품 있게 빼어난 사람을 필요로 하지 않았기 때문이다.

전쟁의 신은 비열하게 출중한 인간을 좋아한다. 그때는 전국시대였다. 장의와 공손연, 소진, 이사 같은 자들이 천하를 자기들 혓바닥 위에 올려놓기라도 한 양 떠들어댔고, 실제로 그들 혓바닥 위에 천하가 놓여 있던 시대였다. 그렇게 세상과 수백만의 사람 목숨을 가지고 장난치고 있는 그들이 부러워, 사람들은 그들이야말로 대장부라 했다. 맹자는 답답했다. 어떻게 살아가는 사람이 진정한 대장부이고, 진정 빼어난 사람인지를 밝히지 않을 수 없었다.

경춘이란 사람이 "공손연, 장의는 진실로 대장부이다. 그들이 한번 분노를 터뜨리면 제후들이 두려움에 떨고, 그들이 가만히 놀고 있으면 천하가 휴식을 얻지 않는가!"라고 말하는 지경에까지 이르자 맹자는 호탕하게 말했다.

천하의 넓은 집에 살며
천하의 어엿한 자리에 서고
천하의 한길을 걸어
뜻 얻으면 씨알[民]로 더불어 말미암고
뜻 못 얻으면 홀로 제 길 걸어
부귀로도 그를 썩어지게 할 수 없고

빈천으로도 그 뜻을 변케 못하며

위협, 폭력으로도 굽히게 할 수 없는 이

이가 정말 대장부니라.*

이런 사람은 죽어도 죽지 않는다. 굴원도 그랬다. 그가 멱라수에 몸을 던진 날은 음력 5월 5일 단오였다. 단오날이면 중국인은 쫑쯔[粽子]라는 음식을 강물에 던진다. 물고기들이 굴원의 시신을 뜯어 먹지 못하게 대나무 통에 쌀을 넣고 댓잎으로 감아 물속에 던졌던 그날을 재현하고 있는 것이다. 또한 굴원의 시신을 빨리 건지기 위해 앞 다투어 배를 저었던 것을 기념해 용선龍船 경주가 지금도 열린다. 굴원의 문학적인 힘을 기려 이날을 문학의 날로 기리기도 한다. 굴원은 아직도 중국인의 곁에 살아 있는 것이다.

형가 또한 죽지 않았다. 무수하게 쏟아져 나오는 무협지가 그 증거다. 사마천이 〈자객열전〉에서 형가를 알린 이래 형가는 넓게는 협객의 본보기가 되었고, 좁게는 의협(의로운 협객)의 정신적인 뿌리가 되었다.

시인 좌사左思(250?~305?)가 〈역사를 읊은 시[詠史詩]〉에서 형가

* 《함석헌 전집》 8권(한길사, 1984), 244쪽. 《맹자》 〈등문공·하〉 2장, "景春曰 公孫衍, 張儀豈不誠大丈夫哉, 一怒而諸侯懼, 安居而天下熄. 孟子曰 居天下之廣居, 立天下之正位, 行天下之大道. 得志與民由之, 不得志獨行其道. 富貴不能淫, 貧賤不能移, 威武不能屈. 此之謂大丈夫."

를 살아있게 했고, 대시인 도연명도 〈영형가詠荊軻〉를 지어 형가가 사람들의 마음속에 살아 있음을 선언했다.

지도가 다 펴지자 일이 닥쳐와[圖窮事自至]

호방한 군주도 정녕 겁을 먹었네[豪主正怔營].

애석하여라! 검술이 서툴러서[惜哉劍術疎]

기발한 공적을 끝내 이루지 못했네[奇功遂不成].

그 사람 비록 세상 떠났지만[其人雖已沒]

천 년이 지나가도 그 마음 남아 있으리[千載有餘情].

형가의 이야기는 조선의 선비들에게도 전해졌다. 김만중이 《구운몽》에서 "형경(형가)이 역수를 건널 적 점리(고점리)를 이별하는 듯"이라 하며 그를 기렸다. 형가의 의기는 조선에 널리 알려져, 그의 삶을 가지고 시를 짓기도 했다. 유명한 게 홍경래가 지은 것으로, 형가의 의기를 통해 자신의 의기를 분출하고 있다.

가을바람 부는 역수를 건너 장사의 주먹으로

대낮에 함양의 천자머리 까부수리

[秋風易水壯士拳, 白日咸陽天子頭]

우리 시대의 스승 함석헌도 형가를 '의로운 선비[義士]'라 하며 그를 기렸다. 선생은 당신의 책 《뜻으로 본 한국역사》에서 홍경래가 형가의 의기를 품고서 농민 봉기를 일으켰음을 힘차게 썼다.*

지금도 중국엔 형가가 살아 있다. 첸 카이거 감독이 '형가' 이야기를 직접적으로 다룬 영화 〈시황제 암살〉을 내놓았고, 장예모(장이머우) 감독도 '형가' 이야기에서 모티브를 따온 영화 〈영웅〉을 내놓았을 정도다. 영화 〈영웅〉엔 중국 최고의 배우들이 총출동했다. 견자단, 양조위, 장만옥, 이연걸, 장쯔이(장자이)까지 출연해, 형가 이야기를 이 시대에 중국이 풀어야 할 이야기로 만들고 있다.

사마천이 알려준 형가는 좌사, 도연명, 조선의 선비들을 지나 현대에까지 '고고하면서도 의기에 찬 인간상'을 만들어냈다. 형가를 읽어야 할 까닭이 여기에 있다.

청소년들에게 앎과 배움의 깊이를 만들어주기 위해, '친구와 함께 읽는 고전' 시리즈를 힘 있게 발간해 나가는 평사리 여러분들에게 두 손을 모은다.

이양호 손모음

* 함석헌, 《뜻으로 본 한국역사》(한길사, 2003), 375~376쪽.

| 차 례 |

뜻을 품은 협객 형가가 걸어간 '용기'의 길

진시황의 홀대,
태자 단의 분노

조나라 서울 한단,
노구천과 만났으나
말이 안 통함.

태자 단, 연나라로 도망.
'내가 너를 기어이 도모하리라…'

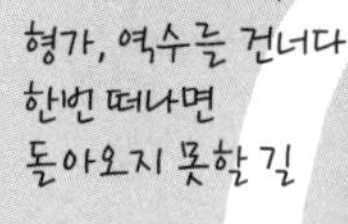

형가, 역수를 건너다
한번 떠나면
돌아오지 못할 길

(여기는 진나라 왕궁)
형가, 진시황 앞에
당당히 서다

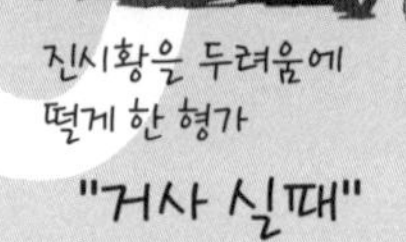

진시황을 두려움에
떨게 한 형가

"거사 실패"

생사의 갈림길에
선 진시황

형가의 벗,
숨어사는 고점리

고점리의 복수:
진시황에게
축을 던지다

"거사 실패"

'그러나…'

진시황은 형가의 거사 이후 아무도 믿지 못하고
늘 두려움과 죽음의 위협에 시달리며 살았다….

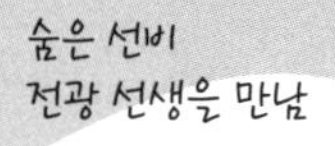

숨은 선비
전광 선생을 만남

진나라 장군
번오기의 망명

'뜻이 맞는 사람을
만나기 어렵구나…'

드디어 연나라 입성.
마음을 나눌 벗을 만남.

태자를 찾아가
전광은 이미 죽었다고 하고,
서로 나눈 말은
결코 퍼져나가지
않을 것임을 전해 주…

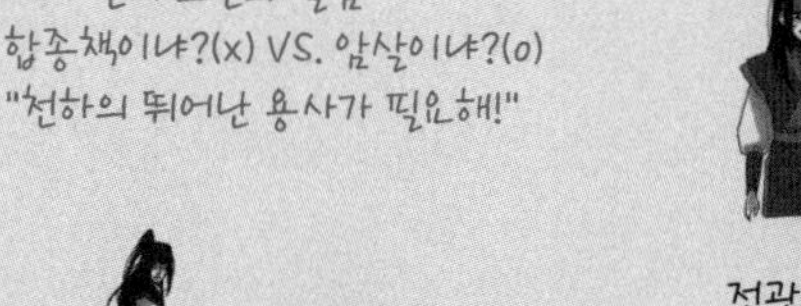

태자 단의 고민과 결심
합종책이냐?(x) VS. 암살이냐?(o)
"천하의 뛰어난 용사가 필요해!"

전광의 자결
"형가, 부디 뜻을 이루길…!"

조나라 유차,
개섭과 만났으나 한낱
칼잡이일 뿐.

위나라 군주 원군에게 유세,
형가를 등용하지 않음.

천하를 떠도는 형가
"어디서 내 뜻을
펼쳐야 하나…"

(결론) 태자 단:
"형경께서 맡아주십시오!"

형가의 비책
진시황을 흔들 '선물'
= 번오기 장군의 '목'
+ 기름진 땅 '독항'의 지도
그리고…

형가의 기다림
누굴 기다렸을까? 다른 협객?
아니면 때를 기다렸을까?

번오기 장군의 자결
"진시황을 없애준다면
내 목을 기꺼이 내놓겠소!"

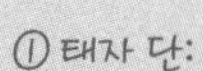

① 태자 단:
"진시황을 없애야겠습니다."
② 태부 국무:
"전광에게 지혜를 구하소서!"
③ 태자 단:
"천하의 뛰어난 용사가 필요합니다…"
④ 전광 선생:
"한 사람… 형가가 있습지요!"

야옹샘 본명은 '이양호'이고, 호가 '야옹野翁(들 야, 늙은이 옹)'이다. 야옹샘 스스로도 알아차리지 못했지만, 본명의 발음과 비슷한 '야옹'으로 호를 지었다. 그래서 아이들은 야옹샘이라고 부르게 되었다. 선생님이 없을 때 '야옹~!' 하며 놀리기도 한다. 실제 생김새도 고양이를 닮았다. 웃을 때 눈가에 주름이 잡혀있고 입가에는 고양이 수염이 난 듯하다(전생에 고양이였을지도 모른다). 야옹샘은 시대의 배경 지식, 후대의 역사 논쟁들, 동서양의 비슷한 사례 등을 밝혀서 학생들이 좀 더 풍부하게 고전을 이해할 수 있도록 도움을 준다.

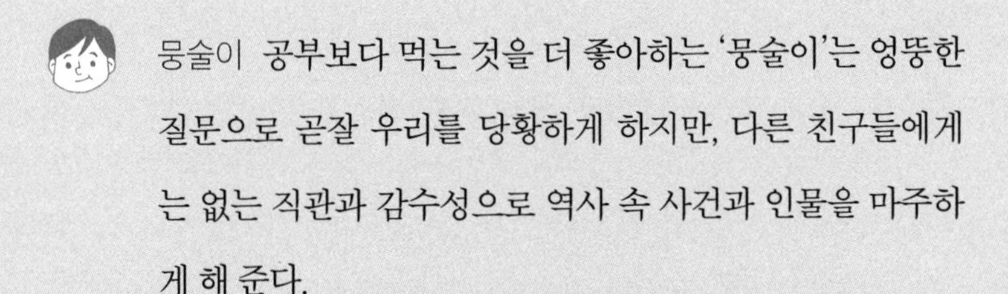

뭉술이 공부보다 먹는 것을 더 좋아하는 '뭉술이'는 엉뚱한 질문으로 곧잘 우리를 당황하게 하지만, 다른 친구들에게는 없는 직관과 감수성으로 역사 속 사건과 인물을 마주하게 해 준다.

범식이 틈만 나면 동네 도서관에 가서 책을 읽는 전교 1등 범생이 '범식이'는 얼굴도 잘생긴 데다 모르는 게 없을 정도로 두루두루 해박하여, 선생님들은 물론 여학생들의 사랑을 한 몸에 받는다. 생각의 가지를 사방팔방으로 뻗쳐 나가게 해준다.

캐순이 조금만 의심이 가도 그냥 넘어가는 법이 없는 '캐순이'는 깨알 같은 질문을 퍼부어, 역사 인물들의 꿍꿍이를 거침없이 헤집어낸다. 또한 고전 속 주인공들의 심리와 상황을 잘 파악하는 데 도움을 준다.

01

떠도는 자 형가,
누가 나를 알아주랴

전쟁의 시대를 떠도는 자의 운명

야옹샘 영화계의 거장 장예모가 감독한 〈영웅〉 보신 분 있으세요?

범식 언제 나온 영화인데요?

야옹샘 한·일 월드컵이 열렸던 2002년에 나와서 상을 듬뿍 받았지요.

캐순 오홋, 전설인데?

뭉술 전설 속 주인공은 누구죠?

야옹샘 이연걸, 양조위, 장만옥, 진도명이 주연하고 장쯔이, 견자단이 조연했어요.

뭉술 대박!

캐순 전설의 시대에 전설들이 모인 거네.

야옹샘 중국 정부의 지원을 전무후무하게 받은 무협영화란 점에서도 전설이라 할 수 있어요.

범식 무협영화라고요?

야옹샘 옙.

범식 줄거리가 뭔데요?

야옹샘 우리가 지금부터 함께 나누게 될《사기》의 '형가' 이야기를 각색한 거예요. 그 영화는 형가란 이름을 안 쓸 정도로 각색을 많이 했지만, 틀림없이 형가를 바탕으로 해서 장예모 자신의 중국관을 듬뿍 넣은 영화예요. 이 책이 끝날 때쯤 DVD로 〈영웅〉을 같이 보고, '사마천의 형가'와 '장예모의 형가'를 견주어보도록 하죠.

캐순 《사기》의 형가가 무협지에 나오는 영웅과 닮았다는 말이네요?

야옹샘 그래요. 사마천이 형가 이야기를 다룬 지면이 〈자객刺客 열전〉인데, 이 점만 봐도 형가와 무협지의 영웅이 닮았을 것 같지 않나요?

뭉술 자객? 자객이라면…… 칼잡이? 사무라이?

범식 그 보다는 킬러가 더 맞을 것 같아.

사마천은 자객도 '특별한', 그러니까 '역사적인 인물'로 취급한 거네요?

야옹샘 옙! 놀랍게도 그는 역사적인 인물의 범위를 자객, 상인까지 확대했어요. 《사기》를 우뚝 서 있게 하는 요소가 많은데

이 점도 그 중 하나라고 할 수 있죠.

캐순 사마천은 단순히 역사가가 아니라, 역사의 범위를 확대했다는 점에서 '창의적인 사상가'라고 할 수 있겠네!

뭉술 자, 그럼 지금부터 창의적인 사상가 사마천이 쓴 무협지 속으로~.

형가荊軻는 위衛나라 사람이다. 하지만 그의 선조는 제나라 사람이었다. 형가는 위나라로 가 살았는데, 위나라 사람들은 그를 경 선생님[慶卿]이라 불렀다. 또 형가가 연나라로 가 살았을 땐 연나라 사람들이 그를 형 선생님[荊卿]이라 불렀다.

 도대체 형가를 어느 나라 사람이라고 해야 하지?

캐순 제齊나라에서 태어나, 위衛나라에 옮겨가 살다가, 다시 연燕나라로 들어가 살았으니 딱히 어느 나라 사람이라고 하기도 힘들겠는데?

야옹샘 이때 위衛나라는 위魏나라에 딸린 나라, 속국屬國 비슷하게 된 지 한참 되었으니 형가의 국적이 어디라고 못 박는 게 더욱 쉽지 않은 문제네요.

캐순 그러면, 형가는 제나라 사람이기도 하고, 위魏나라 사람이기도 하고, 또 다른 위衛나라 사람이기도 하고, 연나라 사람

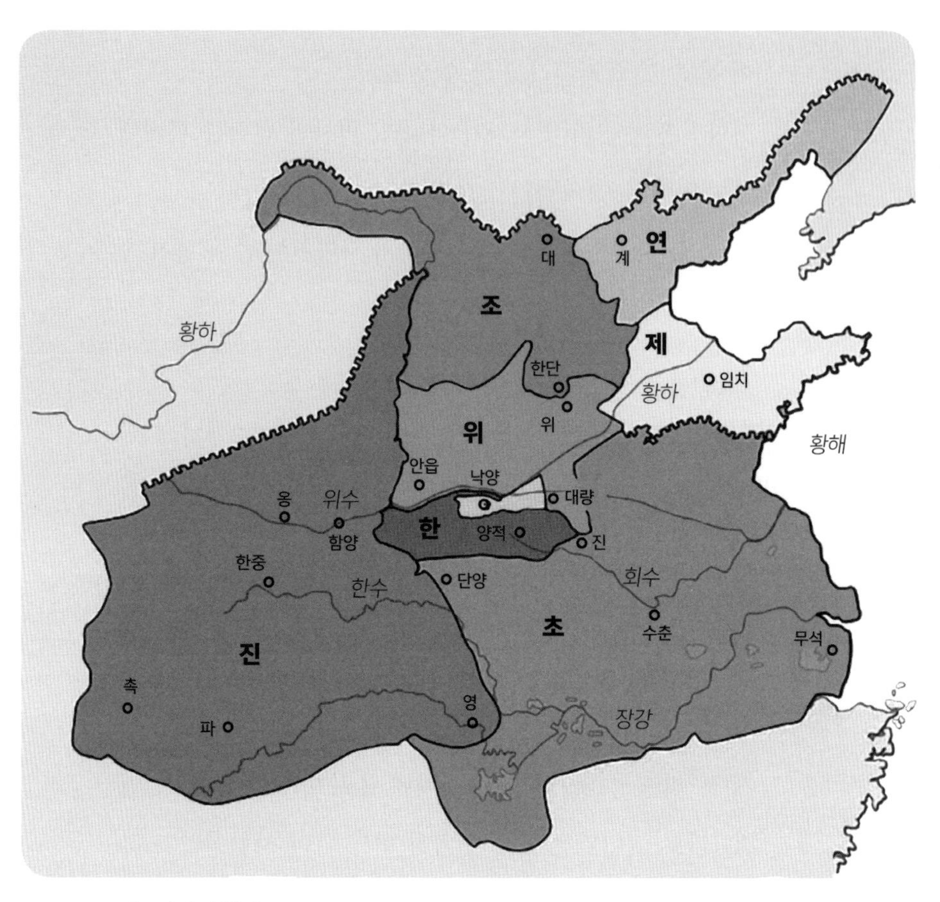

전국시대의 형세(기원전 260년경)

이기도 하다는 소리네.

범식 딱히 그 어느 나라 사람도 아니란 소리이기도 하지.

뭉술 이 나라에서 저 나라로, 저 나라에서 또 다른 나라로 이사를 다녔다는 소린데, 이삿짐 옮기는 것도 만만치 않았겠다.

캐순 이고 지고 갔겠지! 여유가 있었다면 소나 말이 끄는 달구지에 실었을 테고.

뭉술 피난민이 따로 없네?

범식 전쟁 시대를 사는 사람들의 일반적인 운명인 거지, 흐음.

캐순 영웅은 죄다 이런 시대를 골라서 태어나는 것 같단 말야.

야옹샘 '우뚝 솟은 사상가'도 전쟁 시대를 골라서 태어나는 것 같아요. 공자, 맹자, 소크라테스, 플라톤, 심지어는 셰익스피어조차도 그랬어요.

 셰익스피어도 전쟁 시대를 살았나요?

야옹샘 유럽의 르네상스 시대는 곧 유럽의 전쟁 시대라 해도 전혀 틀리지 않아요.

캐순 맞다. 100년 전쟁, 장미 전쟁, 종교 전쟁, 농민 전쟁 등등등, 다 르네상스 때 일어난 거잖아.

범식 넓게 보면 그렇지만 셰익스피어가 산 시대는 평화로웠다고 해야 할 것 같아. 영국과 프랑스가 100년 전쟁을 1339년에서 1453년까지 하고, 이 전쟁이 끝나자마자 장미 전쟁을

1455년부터 1485년까지 했는데, 셰익스피어는 1564년에 태어나 1616년에 죽었으니까 전쟁 시대에선 한참 떨어져서 살았잖아?

야옹샘 영국이 수십 년씩 한 전쟁만 그렇고요, 몇 년씩 한 전쟁까지 감안하면 유럽의 르네상스 시기 내내 전쟁을 하다가, 너무 지치고 피폐해지면 잠깐씩 쉬었다가 또 하곤 했다고 할 수 있어요. 장미 전쟁이 끝난 뒤부터 셰익스피어가 죽을 때까지, 잉글랜드가 어땠는가를 한번 볼까요. 1522년에서 1525년까지 프랑스와 전쟁, 1528년 에스파냐와 전쟁, 1542년 스코틀랜드와 전쟁, 1543년 프랑스와 전쟁, 1547년 스코틀랜드에 대한 최종적인 승리, 1557년 프랑스와 전쟁, 1585년 에스파냐와 전쟁, 1604년 에스파냐와 평화조약.

 헐, 르네상스 시대가 야만의 시대였다니!

야옹샘 내란과 민란을 빼고도 그 정도였어요.

뭉술 형가가 살았던 시대가 바로 그런 시대였다는 거죠?

캐순 그럼 르네상스를 인문주의 시대라고 하는 건 또 뭐지?

범식 서양에서 말하는 인문주의*란, 신을 중심에 놓는 중세의 학

* 15세기 이탈리아에서 개화한 인간 긍정의 지적 운동이다. 고대의 재발견과 결부되어서 지상적 인간의 활동과 인격을 재평가함으로써 새로운 시대의 문화·사상을 방향지었다. 《우신예찬》을 지은 페트라르카, 《수상록》을 지은 몽테뉴(1533~1592)가 대표적이다.

문에서 벗어나 사람을 중심에 놓고 생각을 펼쳐나간다는 것을 뜻해. 전쟁이 많은 시대인가 아닌가 하고는 무관해.

물술 그래도 대부분의 사람들이 르네상스 시기 하면 …… 고상하고 인간적인 시대를 떠올리잖아?

범식 그건 선입견이야. 한쪽 귀퉁이에서 그런 지적인 활동이 있었을 뿐이야. 르네상스를 대표하는 책은, 내란과 전쟁의 시기를 어떻게 해야 살아남을 수 있는가를 연구한 마키아벨리의《군주론》이라 할 수 있지.

캐순 르네상스란 말뜻이 '다시 삶'이잖아. 말뜻이 너무 좋아서 르네상스의 이미지가 그렇게 박혔나?

범식 그랬을 수도 있고, 서양인들이 르네상스 시기에 있었던 일부 학문에 과도하게 의미를 부여해서 그런 이미지가 만들어졌을 수도 있어. 사실 중국의 춘추전국시대도 다른 말로는 제자백가諸子百家(이 시대에 유가, 도가, 법가, 병가, 음양가 등 학파가 셀 수도 없이 많이 나와 학문 세계를 다채롭게 했다는 뜻이다), 백화제방百花齊放(온갖 꽃이 흐드러지게 피어난, 즉 수많은 학문이 자유롭게 발전하며 발표된 것을 뜻한다)의 시대라고도 해. 그 시대를 이렇게 부르면 밤낮 전쟁이 일어난 느낌은 온데간데 없어지고, 문화가 활짝 피어난 시대란 이미지를 갖게 되지. 이런 점에서도 중국의 춘추전국시대와 서양의 르네상스가

닮기는 했어.

캐순 실상을 정확히 전달하려면 서양도 르네상스가 아니라 '전국시대'라 해야 하지 않을까?

범식 서양을 선망하지 않고 객관적으로 볼 수 있는 사람들이 학문적으로 힘이 있어야 그렇게 이름을 붙이지.

형가는 책읽기와 검술을 좋아했다.

뭉술 이런 시대에, 이삿짐 싸들고 떠돌아다니면서도 책읽기를 좋아했다는 게 신기해.

범식 그런 시대를 건너가기 위한 몸부림이 아니었을까?

캐순 살기 위한 수단이었겠지!

범식 옛날에, 전쟁 시기 때 살아남기 위해선 두 가지가 필요했던 것 같아. 칼과 창을 잘 다루어 싸움을 잘하거나, 말을 번드르르하게 하여 군주를 설득하는 기술. 이 둘 중에 하나는 있어야 했던 거 같아.

캐순 말을 교묘하게 잘 꾸미려면 책을 읽어야 했고.

뭉술 취직용 책읽기이고 공부였다는 거네.

캐순 취업 전쟁, 입시 전쟁을 치르고 있는 우리 시대도 그렇지 않나?

물술　형가도 그랬다는 거야? 《사기》에 그 이름을 올렸는데도? 난 동의 못 하겠어.

캐순　형가가 어떻게 사는가를 보면 알 수 있겠지.

그는 위衛나라의 군주인 원군元君을 찾아갔다. 그의 솜씨를 보이며 발탁되기를 바랐으나 위나라 군주는 그를 쓰지 않았다. 얼마 뒤 진시황이 위나라를 쳐서 그곳에 동군東郡을 설치하고, 위나라 군주를 야왕이라는 곳으로 옮기는 일이 발생했다.

뭉술　조국을 떠나 찾아간 나라에서 등용되지도 못했네?

캐순　피난민에 실직자 신세가 된 거지.

범식　일제 강점기 때 간도로, 만주로 쫓겨 갔던 우리의 모습이기도 해. 게다가 형가는 그곳에 머물러 있을 수도 없었어. 진시황이 위魏나라를 멸망시키다시피 했고, 그 위나라에 딸린 나라였던 위衛나라 군주를 진秦나라 지역인 야왕 현으로 옮겨 살게 했으니까. 그는 또 이삿짐을 싸야 했지. 사람이 많이 사는 곳에서 살아야 일거리가 걸려도 걸릴 테니까.

뭉술 엎친 데 덮친 격이네.

범식 설상가상雪上加霜!

뭉술 크~ 역시 사자성어는 울 범식. 난 생각도 못했는데.

캐순 영웅이 될 조건을 갖추긴 했네, 형가가. 영웅은 어린 시절에 옴팡 고생을 한다고 하잖아.

범식 힘든 시대에 태어났다고 다 위대한 인간이 되는 게 아니듯, 고생한다고 다 영웅이 되는 건 아니지. 오히려 비굴하고 쪼잔한 인간이 되기 십상이랄까.

캐순 형가가 진秦나라로 들어가려나?

떠도는 형가, 어디로 가야 하나 — 개섭과의 만남

유랑 중에 형가가 조나라 유차란 곳을 지난 적이 있다. 거기에서 형가는 개섭*과 검술에 대해 토론을 했는데, 개섭이 성을 벌컥 내며 형가를 노려보았다. 형가는 밖으로 나왔다. 어떤 사람이 형가

* '갑섭'이라고 읽기도 한다.

를 다시 불러오려고 하자 개섭이 말했다.

"좀 전에 내가 그와 검술에 대해 토론했습니다. 그가 얼토당토 않는 소리를 하길래 내가 노려보았지요. 가보시면 알겠지만, 그놈은 분명히 내뺐을 겁니다. 감히 이 고장에 머물러 있지 못하겠지요."

사람을 시켜 형가가 머물던 집에 가보게 했다. 형가는 벌써 수레를 몰고 유차를 떠나, 그곳에 없었다. 심부름꾼이 돌아와 이 사실을 알리자 개섭이 말했다. "떠났죠? 내가 일전에 눈을 부릅떠서 그의 야코를 죽여놨다니까요."

물술　샘! 유차는 어느 나라에 있죠?

야옹샘　조趙나라에 있었던 조그만 지역이에요.

캐순　형가가 이제 조나라로 흘러들어 갔구먼.

뭉술　딱, 국제 미아 신세야.

캐순　유차에서도 버티지 못하고 또 봇짐을 쌌어!

뭉술　어디로 가야 하지?

범식　반기는 곳은 없어도 갈 곳은 많은 법이지!

캐순　그런데, 논쟁 중에 상대편이 눈 한 번 부라렸다고 도둑고양이처럼 그 지역을 떠나버리는 건 문제가 있는 거 아닌가? 맘에 안 맞으면 상종을 안 하면 될 거 아냐. 그 지역을 떠날 것까진 없잖아?

물술 아직 고생을 덜 한 거지.

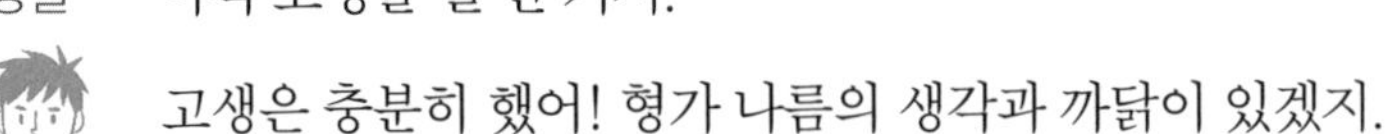
고생은 충분히 했어! 형가 나름의 생각과 까닭이 있겠지.

물술 샘! 개섭은 어떤 사람이죠?

야옹샘 저도 몰라요. 여기 말고는 역사 속에 등장하지 않는 것 같거든요.

물술 그렇다면 개섭은 사람 한 번 노려본 것 때문에 역사에 이름을 올린 셈이네. 크크.

범식 맞아. 그냥 '사람 한 번'이 아니고, 바로 형가를 노려봤기 때문이지! 아무나 역사책에 오르는 게 아니라니까. 흐음.

캐순 역사적인 사람은 함부로 노려봐서도 안 되겠는데?

떠도는 형가, 누구를 만나야 하나 — 노구천과의 만남

형가는 조나라 수도 한단으로 흘러들어 왔다. 거기에서 노구천과 장기(옛날 장기)를 두다가, 말 놓는 길을 두고 다툼이 생겼다. 노구천이 성을 버럭 내며 형가를 꾸짖었다. 형가는 찍소리 않고 물러나 사라졌다. 그 뒤로 다시는 그와 만나지 않았다.

물술 샘! 한단은 또 어디에 있죠?

야옹샘 한단은 조나라 서울이에요. 유차에서 남동쪽으로 200킬로

미터쯤 떨어져 있어요.

범식　이번에는 국경을 넘지는 않았어.

뭉술　빌어먹으려 해도 서울로 가는 게 좀 더 낫다는 말, 혹시 없나? 크크.

캐순　샘! 노구천이란 사람도 여기에 딱 한 번 나오나요?

야옹샘　한 번 더 나온 곳이 있어요.

범식　어? 어디죠?

야옹샘　사마천이 쓴 《사기》의 〈자객 열전〉 '형가' 부분, 그러니까이 이야기 끝에 한 번 더 나오죠. 하하.

 샘, 하나도 안 웃겨요!

뭉술 하여튼 이 사람도 형가를 한 번 꾸짖은 것 때문에 역사책에 그 잘난(?) 이름을 남기게 되었다는 거죠?

야옹샘 옙!

뭉술 조심해야겠다!

범식 역사라는 게 이렇게 엄정하고 무서워야 하는데…….

캐순 아니, 형가란 사람 이상한 거 아니야? 장기 두다가 한 번 욕했다고, 그 뒤로 얼굴도 안 보고 산다는 건 이해가 안 돼.

뭉술 자존심 한번 쩐데! 한번 수틀리면 그만인 사람들 있잖아.

범식 그런 사람이니까 역사에 이름을 남기지 않았을까?

뭉술 아니, 음, 난 형가가 밴댕이 속이라는 생각이 드는데?

캐순 이런 이야기가 뭐 그렇게 중요하다고 역사책에 써 놨지?

범식 형가를 아는 데 이 이야기가 아주 중요하다는 거겠지.

뭉술 사마천의 글쓰기 기법이라는 거지?

캐순 단지 그것만일까? 좀 더 두고 보자.

마음을 나눌 벗들을 만나다

형가는 연나라로 갔다. 그곳에서 연나라의 개백정, 그리고 축筑

이라는 악기를 잘 타는 고점리와 서로 아끼는 사이가 되었다. 형가는 술을 좋아해서 허구헌날 시장통에서 개백정과 고점리랑 함께 술을 마셨다. 술이 얼큰해지면 시장 바닥에서 고점리는 축을 타고 형가는 그에 맞춰 노래를 부르며 서로 즐거워했다. 끝판엔 서로 붙들고 울어대는데, 마치 옆에 사람이 하나도 없는 듯[傍若無人]이 했다.

물술 이번엔 연나라로 흘러들어 갔어.

캐순 그래도 여기선 친구가 생겼는데?

범식 이름도 없는 개백정과 악사 고점리, 그리고 형가 셋이서 죽이 착착 맞은 거지.

물술 형가가 오랜만에 사는 것처럼 사는데?

캐순 오랜만은, 무슨 그런 말을! 처음이지.

범식 아무리 힘든 세상이라도 마음 붙일 만한 사람은 있는 법이니까.

캐순 시장 바닥에서 술 마시고, 노래 부르고, 웃다가 울다가 한 걸 보면 형가를 조불조불하고 쪼잔한 인간이라고만은 할 수 없겠는데?

물술 째려본다고 짐 싸들고 떠났던 때완 영판 다르기는 해.

범식 옆에 아무도 없는 것처럼, 즉 방약무인傍若無人하게 사는 사

바람아
바람아—
태산 슬피 울고—
바람아 바람아—
해가 비치지 않누나—

람을 밴댕이 속이라고 할 순 없지. 너무 호탕해서 문제라고 할 순 있겠지만.

야옹샘 '방약무인'이란 한자성어의 출처가 바로 이곳, 그러니까 형가와 그 친구들의 행동에서 나왔다는 것도 알려드릴게요. 지금은 원래 뜻과 좀 다르게 쓰이고 있지만요.

숨은 선비 전광이 형가를 알아보다

형가는 비록 술꾼들 사이를 전전했지만, 그의 됨됨이는 오히려 침착하고 속이 깊었으며 책읽기를 좋아했다. 그는 이 나라 저 나라 떠돌면서 그때마다 그 나라의 현인이나 호걸, 장자長者(덕이 있어 점잖고 너그러우며 세상일에 지혜가 깊은 사람—편집자)들과 사귀었다. 연나라에 왔을 땐 연나라의 숨은 선비인 전광田光 선생이 그를 잘 대해줬다. 형가가 보통 사람이 아니란 걸 알았기 때문이다.

캐순 형가가 검술은 작파했나봐?

범식 그러게, 여기선 글읽기만 좋아하는 것으로 나왔네.

뭉술 검술을 어디다 쓰겠어. 그것으로 등용도 안 되는데.

범식 칼 들고 다른 사람과 싸울 수도 없는 거니까, 검술을 익힐 필요가 없다고 생각했나 본데?

뭉술 책을 읽는 것도 쓸모가 없긴 마찬가지잖아?

캐순 꼭 그렇다고 볼 순 없지. 여러 나라를 떠돌면서, 그곳의 현인과 호걸을 사귈 수 있었던 것은 책을 계속 읽은 덕분이지 않을까?

범식 그것도 맞지만, 형가의 책읽기는 단순히 사람을 사귀기 위한 것이라고 해서는 안 된다고 생각해. 연나라의 현인인 전광 선생이 형가를 잘 대접한 걸로 봐서, 형가의 책읽기는 성현聖賢이 되기 위한 공부였다는 생각이 들어.

뭣? 성현이 되기 위한 공부? 샘께 많이 듣던 말인데, 이제 범식이도 하네? 크크. 그러니까 취직용 공부만은 아니었다는 거지?

캐순 그렇게 봐야 할 것 같아.

범식 형가가 현인의 눈에 들어 그와 사귀고 있다면, 형가 또한 현인에 버금간 인간이었다고 보는 게 옳겠지?

뭉술 형가는 두 머리가 달린 괴물인가? '책 읽는 선비' 형가와 '무협지 영웅' 형가, 이 둘은 너무 이질적이지 않나?

캐순 선비와 영웅이 반드시 양립 불가능한 것은 아니야. 이순신이 있잖아!

범식 그분보다는 못하지만 정인홍(1535~1623)*, 권율, 김천일

* 남명 조식의 수제자이며, 임진왜란 때 의병장으로 활약했다.

(1537~1593)[*], 강감찬, 김종서 등 우리 역사는 문무文武 양쪽에서 다 빼어난 분들을 많이 보여주고 있어.

야옹샘 선비 사士자가 원래 문文과 무武를 다 뜻했어요. 공자학단에서 가르치고 배운 교과목엔 책읽기와 예법 등만이 아니라 말타기·활쏘기도 있었지요. 당연히 조선의 선비들도 활쏘기를 열심히 연마했고요. 사士에 무武의 의미가 들어 있다는 것을 잘 알려주는 게 있는데, 우리의 선비에 해당하는 통치그룹을 일본에선 무사武士라고 했어요. 우리나라에도 그 잔영이 남아 있어요. 사관학교의 '사'가 다름 아닌 선비 사士자를 쓰고 있거든요.

뭉술 '선비 군인!' 왠지는 모르겠지만 말이 꼬이고 어색해.

캐순 '선비 군인?' 그런 군인이 있나?

범식 사관학교가 지금까진 그냥 군인만 길러냈지만, 앞으로는 이름값에 걸 맞는 사람을 길러내겠지. 그러면 우리나라의 많은 장교에게서 '선비'의 인품과 품격이 느껴지는 날이 올 거야.

뭉술 그건 그렇고, 앞으로 어떻게 되기에 장예모 감독은 형가를

* 나주 경현서원景賢書院의 원장이었으며, 당시 호남을 대표하는 유학자였다. 임진왜란이 일어나자 고경명 등과 연락하여 나주에서 의병을 일으킨 의병장이며, 진주성을 사수하다가 순절했다.

영웅이라고 본 거지? 검술 익히기도 작파했는데.

야옹샘 그것에 대해선 차차 보기로 하고, 알려드릴 게 있어요. 형가 이야기는《전국책》에도 실려 있어요. 이 책은 사마천의《사기》와 전국시대 여러 나라들의 기록을 바탕으로 전한前漢 말기에 유흠이 정리했는데, 두 책에 있는 형가 이야기가 문장과 글자까지 거의 똑같아요. 틀림없이 어느 쪽이 다른 쪽을 베꼈을 거예요. 유흠이《전국책》을 쓰느라 참조했던 책을 사마천이 베끼지 않았나 싶어요.

범식 왜 그렇게 보시는데요?

야옹샘 잘 물었어요. 지금까지 본 형가의 에피소드가 유흠의《전국책》엔 없거든요. 먼저 형가의 '이 에피소드'를 사마천이 고유하게 정리해서 싣고, 그 뒷부분부턴 유흠이《전국책》을 쓰느라 참조했던 '바로 그 책'을 사마천이 글자만 약간씩 수정해서 실었다고 생각할 수밖에 없기 때문이에요.

그렇다면 사마천이 형가를 소개하는 머리말에 이 에피소드를 놓은 까닭이 중요하겠네요. 왜 그랬죠?

야옹샘 우선 한 인물을 소개하기 위해서라고 할 수 있겠죠. 전국시대 때의 기록을 바탕으로 정리한《전국책》이 사람들의 에피소드를 모아 놓긴 했지만, 특정한 사람을 소개하겠다는 의도를 본격적으로 가지고 있진 않아요. 이것은 사마천이

《사기》에서 처음 시도한 거라고 할 수 있어요. 앞에서도 얘기했지만 이런 점에서, '사마천은 창조자'인 거죠.

그런데, 사람들의 입에 오르내린 형가에 관한 에피소드가 그것뿐이었을까요? 그렇지 않았다면, 여러 에피소드 중에서 특별히 그것을 골라 실은 것은 사마천이 의도한 바가 있어서 그랬겠죠? 설사 형가에 관한 에피소드가 그것뿐이었다 하더라도, 이미 완성되어 있는 형가 이야기(《전국책》이 베낀 바로 그 책)에 이 에피소드를 덧붙인 까닭이 있다고 봐야 하지 않을까요?

물술 사마천이 특별히 공들여 배치했다는 거죠?

범식 이 에피소드를 실은 까닭을 파악하는 것은, 사마천의 글쓰기 방식과 사마천의 사상을 파악하는 일이 된다. 이렇게 말씀하고 싶으신 거죠?

02

진시황 그놈을 가만 둘 수 없지 않은가!

태자 단, 진나라 왕에게 분노를 품다

형가가 연나라에 머문 뒤 얼마쯤 지난 어느 날이었다. 연나라 태자 단이 진나라에 인질로 잡혀 있다가 연나라로 도망 온 사건이 일어났다.

한편 연나라 태자 단은 진나라에서 인질로 있기 전에, 조나라에서 인질로 지냈던 적이 있었다. 진나라의 왕 정은 조나라에서 태어났는데, 어릴 적에 연나라 태자 단과 사이좋게 지냈다. 정이 진나라 왕에 오른 뒤, 단이 진나라에 인질로 가게 되었다. 그런데 진나라 왕은 연나라 태자 단을 좋게 대하지 않았다. 그래서 단은 진나라 왕을 원망하며 몰래 귀국해버렸다.

귀국한 뒤, 그는 진나라 왕에게 복수할 방법을 찾았다. 그러나 연나라가 약소국인지라 어찌할 힘이 없었다.

그 뒤, 진나라는 날마다 군대를 산동 지방 쪽으로 파견하여 제나라, 초나라 그리고 삼진 즉 한·위·조나라를 쳐 그 나라의 영토를 잠식해 들어갔다. 마침내 진나라 군대는 연나라 국경에까지 이르게 되었다. 연나라 왕과 신하들은 모두 화가 연나라에 미칠 것 같아 공포에 휩싸였다.

태자 단 역시 근심을 떨칠 수 없어 그의 스승인 국무에게 "어찌해야 하겠습니까?"라고 물었다.

범식 《전국책》은 이 부분부터 시작한다는 거죠?

야옹샘 옙!

캐순 한 나라도 아니고 두 나라에서 연거푸 볼모로 잡혀있어야 했던, 태자 단의 운명도 참 그렇다.

 샘! 진시황이 조나라에서 태어났나요?

야옹샘 진시황의 아버지가 조나라에 볼모로 있을 때 진시황 즉 '정'을 낳았는데, 그때 진나라와 조나라 사이가 험악해져서 진시황의 아버지는 처자식을 둔 채 혼자 조나라를 탈출해 도망갔어요.

 으악, 그럼 부인과 아이는 어쩌라고? 비정한 아버지네. 나쁘다, 어찌…….

범식 부인과 아이를 미끼로 넘겨주고 그 틈을 이용해서 자기는

저를 기억하지 못하십니까?
20여 년 전 서러움을 함께 나누던 연나라의 단이옵니다.
내가 왜 너를 모르겠느냐!
하지만 너는 지금 한낱 볼모요,
나는 대국의 대왕이 아니냐!
너와 나의 길이 다르거늘~ 쯧쯧!

도망간 거지.

야옹샘 진시황의 마음 밑바닥엔 아버지로부터 버림받은 자식이라는 상처가 똬리를 틀고 있었다고 볼 수 있죠.

범식 그런 불신은 사라지지 않지! 흐음.

캐순 진시황은 몇 살까지 조나라에서 어린 시절을 보냈죠?

야옹샘 일고여덟 살쯤에, 조나라와 진나라의 사이가 잠깐 좋아졌는데 그때 진시황은 어머니와 함께 편안하게 진나라로 갔어요.

범식 그 나이면, 자신이 어떤 처지에 놓여 있고 또 어떻게 해서 그렇게 되었다는 것을 충분히 알 수 있잖아?

뭉술 당연하지. 진시황의 어린 시절이 두려움과 배신감으로 절었겠는데?

캐순 그래서 분서갱유*, 그러니까 유학자들을 땅 속에 묻어버리고 책을 불질러버렸나? 유학자들은 걸핏하면 '효도해라', '의로워라' 그러는데 진시황의 어린 시절 경험으론 그런 말

* 진시황이 중국을 통일한 뒤, 유생들이 중앙집권적 군현제를 반대하고 봉건제 부활을 주장(기원전 213년)한 것을 시발로 하여 이 일이 일어났다. 승상 이사李斯는 이참에 사상을 통제하기 위해, 의약·점복·농업 관계 서적 등 실용 책을 뺀 어떤 책도 민간에서 소유하는 것을 금지하게 하고 민간의 책을 다 거둬 불태웠다. 이듬해(기원전 212년) 노생과 후생이라는 방사方士(술법사)가 불로장생약을 구하러 간다고 진시황을 속여 많은 재물을 가지고 도망간 일이 발생했다. 진시황은 눈엣가시였던 유생 460여 명을 구덩이에 매장했다. 이것이 역사상 악명 높은 진시황의 분서갱유이다. 하지만 실제 유생이라기보다는 사기성이 농후한 일부 방사를 겨냥한 것이라는 점을 들어, 유학 탄압은 과장되었다고 주장하는 학자도 있다.

이 쓰여 있는 책이 너무도 헛소리를 하고 있다는 생각이 들지 않았을까?

범식 '세상은 오로지 권력욕으로 이루어졌다', 이렇게 진시황이 생각했다고 해도 그리 이상한 건 아니지.

뭉술 그건 그렇고 '정'이 일고여덟 살 전에 연나라 태자인 단과 잘 지냈다는 것은, 태자 단이 어린애, 즉 진시황과 잘 놀아 주었다는 소리겠는데?

캐순 태자 단에게 정은 같은 처지에 있는 어린 동생 같았을 테니까.

범식 동병상련인 거지. 흐음.

 크~ 범식이는 사자성어가 자동으로 나오는구나!

캐순 그런데 이제 상황이 완전 딴판이 되었어. 둘이 똑같은 볼모나 다름없었는데, 한 꼬맹이는 초강대국 진나라 왕이 되고, 나이를 조금 더 먹은 연나라 태자 단은 그 진나라 왕 밑에서 또 다른 볼모 생활을 하게 되었으니 말이야. 이런 경우를 역사의 장난이라고 해야 하나?

범식 태자 단의 마음이 착잡했겠다.

캐순 약소국의 착잡함이고 설움이지.

뭉술 달리 생각하면 오히려 잘된 거라고 여길 수도 있잖아. 아는 사람 밑에서 볼모 생활을 하는 게 아무래도 더 나을 테니까.

 사람 나름이지. 그 꼬맹이는 왕이 되더니만, 싹~ 안면 몰수했어.

물술 그러니까 몰래 내뺐지.

캐순 그렇다고 볼모로 잡힌 나라에서 도망가면 어떻게 해! 진나라한테 연나라를 침공할 명분을 주잖아?

물술 그만큼 화딱지가 난 거지.

범식 맞아. 태자 단은 아주 감정적이었던 사람 같아. 도망가서 한다는 게 '자기를 홀대한 것'에 대해 복수할 생각만 하고 있는 게 그 증거야.

캐순 나도 그렇게 생각해. 이건 국가 대 국가의 문제, 즉 공적 문제야. 그런데 이것을 '사적인 감정' 문제로 여긴다는 점에서 태자 단은 확실히 '너무' 감정적이야.

야옹샘 방금 말한 것을《전국책》은 다르게 말하고 있어요.

연나라 태자 단이 진나라에 볼모로 있다가 도망쳐 연나라로 돌아왔다. 그는 진나라가 육국(초·제·위·한·연·조나라)을 다 멸망시키려 한다는 것을 알았다. 진나라 병사가 이미 역수易水 가까이에 온 것을 보고선, [자기가 볼모에서 도망친 것을 명분으로 삼아 진나라가 쳐들어오는] 화禍가 연나라에 이를 것을 두려워했다. 태자 단은 스승인 국무에게 물었다.*

* 요코다 고레다카[橫田惟孝] 편찬,《한문대계 19 전국책정해》〈권9. 연나라 하, 왕희王喜〉.

범식　태자 단이 도망친 이유를 《전국책》은 밝히지 않았네요?

야옹샘　예.

캐순　왜 사마천은 태자 단이 탈출한 원인을 '진시황이 태자 단을 홀대한 것'이라고 굳이 밝혔지?

뭉술　사마천의 글을 읽다보면 차차 그 까닭이 드러나겠지.

범식 맞아, 그게 사마천의 글쓰기 방식이니까. 흐음.

캐순 샘! 태자 단이 탈출하고 어느 정도 지나서, 진나라 군대가 연나라 국경 근처까지 오게 되었죠?

야옹샘 태자 단이 탈출(기원전 227년)한 지 4년 후에 진나라 군대가 삼진三晋[*] 즉 한·위·조나라를 공략하고, 연나라 국경 지역인 역수易水에 이르렀어요.

범식 진나라가 위·조나라를 포함해 여러 나라의 땅을 야금야금 먹어 들어가며 연나라 턱밑으로 오는 동안, 태자 단의 공포가 엄청났겠는데?

캐순 궁하면 통한다고, 다 수가 있겠지.

야옹샘 이제부터 읽을 내용은 도망쳐 오자마자부터 시작해서 4년 동안 태자 단이 그 두려움을 없애기 위해 한 행동이에요.

스승인 국무가 대답했다.

"진나라 땅은 온 천하에 펼쳐져 있고, 그 위세는 한韓나라, 위魏나라, 조趙나라를 늘 위협하고 있습니다. 북쪽으로는 감천산,

* 춘추시대에 초강대국이었던 진晋나라가 세 집안에 의해 분리(기원전 453년)되어 세워진, 한韓·위魏·조趙 세 나라를 가리킨다. 이때부터 전쟁이 다반사로 일어났다 하여 춘추시대를 마감하고 전국시대戰國時代가 시작된 것으로 보는 학자도 있고, 이름만 남아있는 빈껍데기로 전락했지만 천자의 나라 동주東周가 한·위·조를 정식으로 나라로 승인한 해(기원전 403년)를 전국시대의 시작으로 보는 학자도 있다.

곡구와 같은 험한 지대의 보호를 받고, 남쪽으로는 경수, 위수의 물이 만들어내는 옥토가 있으니, 파巴와 한중漢中의 풍요로운 땅을 독점하고 있습니다. 또한 오른쪽(서쪽)으로는 농, 촉과 같은 험준한 산악이 보호하고, 왼쪽(동쪽)으론 함곡관과 효산 같은 험준한 산줄기가 놓여 있습니다. 뿐만 아니라 백성들의 수는 엄청나고 병사들은 군율이 잘 잡혀 있으며, 무기 또한 넉넉합니다. 진나라가 우리나라로 쳐들어 올 뜻을 가지면, 북쪽 국경을 떠맡고 있는 긴 성[長城]과 남쪽 국경에 놓여 있는 역수易水의 북쪽 그러니까 우리나라 전체가 어찌될지를 알 수 없습니다. 이런 판국인데, 태자께서 능멸을 당했다는 까닭으로 원한을 품어 진나라 왕의 화를 돋우려 하십니까!"

 태자 단이 스승인 국무에게 한소리 된통 듣는데?

캐순 사적인 감정을 풀기 위해 국가를 위태롭게 해선 안 되는 게 당연하지.

범식 게다가 그건 무모한 짓이야.

야옹샘 "어찌 업신여김을 받은 원한 때문에 진나라 왕의 화를 돋우려 하십니까?"는《전국책》에 그대로 쓰여 있는 문장이란 걸 알려드려야겠네요.

캐순 그럼《전국책》도 사마천과 마찬가지로 태자의 행동을 개인적인 원한 풀이에서 그 원인을 찾고 있는 거네!

물술 도긴개긴이지.

범식 말의 내용은 똑 같지만, 사마천이 밝힌 게 《전국책》의 그것보다 훨씬 구체적이고 생생해. 태자 단이 화난 까닭을 구체적으로, 밝혀야 할 곳에서 밝히고 있잖아.

캐순 이런 게 사마천의 재주인가?

진나라 장군 번오기의 망명, 뜨거운 감자가 될 것인가

단이 말했다.

"그러면 어찌하면 좋겠습니까?"

국무가 대답했다.

"시간을 주시면 수를 생각해보겠습니다."

얼마 뒤에 진나라 장군 번오기樊於期('번어기'라고 읽기도 한다)가 진나라 왕에게 죄를 지어 연나라로 도망해 왔다.

물술 또 한 명이 진나라에서 연나라로 망명해 왔어.

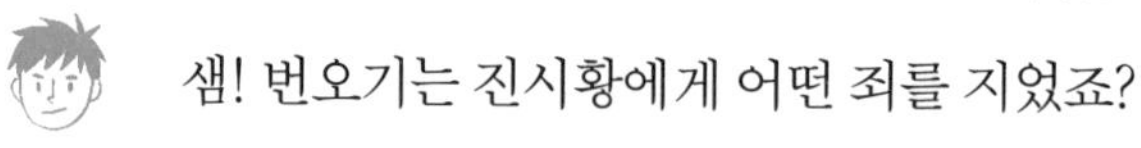

샘! 번오기는 진시황에게 어떤 죄를 지었죠?

야옹샘 역사적으로 밝혀진 게 없어요. 명나라 말기에 풍몽룡馮夢龍이 쓴 《열국지列國志》에 번오기가 반란을 일으켰고, 그것 때문에 진시황에게 쫓기는 것으로 나오긴 하지만 사실이라고 단정할 순 없어요.

물술　그 죄가 무엇이든, 배신자에 대한 진시황의 분노는 엄청났을 거야!

범식　분노가 아니더라도, 군대 기강 차원에서라도 진나라로선 죄 짓고 도망간 장수를 가만둘 순 없지.

캐순　연나라 태자가 난감하겠는데? 진나라가 강하기로서니, 살려달라고 애원하는 사람을 못 본 체할 수도 없잖아.

물술　뜨거운 감자를 입에 물었구먼.

캐순　뜨거운 감자는, 무슨! 복덩이가 굴러온 거지. 진나라로 돌려보내 진시황에게 잘 보일 수 있는 기회잖아?

범식　그렇게 하면 진나라만 빼곤 다른 나라로부터 신의信義 없는 나라란 소릴 듣게 돼!

듣고 보니 뜨거운 감자라는 게 맞겠다.

물술　삼키면 창자가 타 들어갈 것이고, 뱉자니 그럴 수도 없고!

태자는 번오기를 받아들여 연나라에서 살게 했다.

캐순　태자 단은 뭘 믿고 이렇게 용감, 아니 무모한 거지?

범식　생각이 없는 거지, 믿긴 뭘 믿겠어!

물술　그나저나 우리의 영웅 형가는 언제 나오는 거야.

태자 단, 난국을 헤쳐나갈 유일한 길을 거부하다

국무가 간쟁諫爭(임금이나 어른에게 옳지 못하거나 잘못된 일을 고치도록 간절히 말하는 것—편집자)했다.

"안 됩니다. 저 진나라 왕의 흉포함만으로도 연나라에 분노를 쌓아두고 있다는 사실에 심장이 차가워지는데, 거기에다 번오기 장군이 이곳에 있다는 사실이 알려지는 날엔 어찌 되겠습니까? 이런 것을 두고 "굶주린 호랑이가 다니는 길목에 고깃덩이를 던져놓는다"고 하는 것입니다. 화를 면할 수 없습니다. 비록 명재상인 관중과 안영이 있다 하더라도, 벗어날 길을 찾지 못할 것입니다.

태자께서는 하루 빨리 번오기 장군을 흉노로 보내 진나라에게 트집 잡힐 일을 없애기 바랍니다. 그러곤 서쪽으로 한나라·위나라·조나라와 맹약을 맺고, 남쪽으로 제나라·초나라와 연합하고 북쪽으로 흉노의 왕 선우와 친교를 맺으십시오. 이렇게 하면 그런대로 해볼 만합니다."

 사부는 역시 사부야! 냉정해.

뭉술 뜨거운 감자를 처리할 방법까지 알려 주고 있잖아.

캐순 왜 하필 흉노 땅으로 보내라고 했을까?

범식 안 보이는 곳으로 멀리 보내라는 거지.

캐순 그것보다는 진나라와의 전쟁에 흉노를 끌어들이려는 게 아닐까?

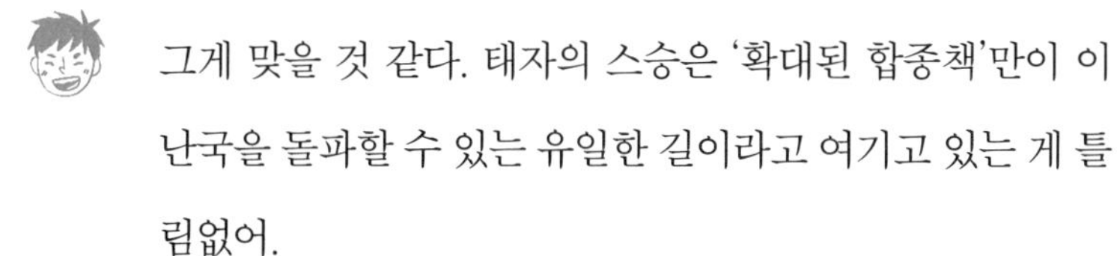

그게 맞을 것 같다. 태자의 스승은 '확대된 합종책'만이 이 난국을 돌파할 수 있는 유일한 길이라고 여기고 있는 게 틀림없어.

확대된 합종책? 합종책은 뭐고, 또 확대된 합종책은 뭐야?

범식 '합종책'은 그때부터 100여 년 전쯤에 소진蘇秦이 진나라를 저지하기 위해 만든 정책이야. 연·조·한·위·제·초나라가 연합해 진나라에 맞섰지. 하지만 그 정책을 오래 끌고 가진 못했어. 진나라의 재상이었던 장의張儀의 연횡책(연행책이라고도 한다)에 의해서 합종책을 따르고 있던 나라들이 각개 격파되고 말았거든.

뭉술 '확대된 합종책'이라고 한 건, 그 여섯 나라에 흉노를 더 넣었기 때문인가?

오홋, 제법인데! 이미 그 여섯 나라만으로는 진나라의 무력을 감당할 수 없는 정도가 되었다고 스승은 본 거지.

뭉술 흉노가 그들 싸움에 끼어들 이유가 없잖아?

캐순 중국이 한 나라로 통일되어 있는 것보다는 여러 나라로 쪼개져 있는 게 그들에게 유리하다고 할 수 있지 않을까?

범식 태자의 스승인 국무는 국제 정세를 정확히 짚고, 이 절체절

명의 난국을 해쳐나갈 길이 뭔지를 태자에게 알려준 거네! 흐음.

캐순 전에, 스승인 국무가 태자에게 "깊게 생각해보겠다"고 했던 게 빈말이 아니었던 거지.

뭉술 빈말하면 스승이 아니지.

태자가 말했다.

"스승님의 계책은 너무도 많은 시간이 걸립니다. 제 마음은 지금 혼란과 공포로 한 순간도 견딜 수 없습니다. 그뿐만 아닙니다. 번 장군이 천하에 몸 둘 곳이 없어 저에게 몸을 맡겼는데, 아무리 강대한 진나라의 핍박이 두렵기로서니 불쌍하게 된 친구를 버리고 그를 흉노로 보낼 수는 없는 게 아닙니까! 이런 일은 제 목숨이 끝나는 때에나 있을 것입니다. 스승님께서는 다른 계책을 생각해 보시기 바랍니다."

뭉술 의~리, 있는데!

범식 의~리? 나라를 구할 수 있는 계책인가 아닌가에는 관심이 없는데도? "스승의 계책은 시간이 너무 많이 걸립니다." 태자의 입에서 나와야 할 소리는 이런 게 아니잖아?

캐순 "마음이 어수선하여 잠시도 견딜 수가 없다"고 하잖니?

 자기감정만 소중한가?

캐순 그러니까 볼모로 있던 진나라에서 자기를 업신여긴다며 도망왔겠지. 나라가 위태로워지든 말든.

뭉술 태자가 '너무' 감정적이라는 생각이 들긴 하지만, 그렇다고 목숨을 구해달라는 손을 뿌리치는 것도 문제잖아?

캐순 진나라로 압송하겠다는 것도 아니고 다른 나라로 보내자는 건데, 문제 될 게 없잖아.

뭉술 그러게. 왜 진나라로 압송하지 않았지?

범식 바로 그 의~리 때문이지.

캐순 그나저나 강대한 진나라 왕에게, 약한 연나라가 '지금 당장' 복수할 수 있는 길이 있기는 있나?

범식 스승에게 그걸 찾으라는 거잖아?

국무가 대답했다.

"위태로운 일을 하고서도 안전함을 찾고, 화를 짓고서도 복을 구한다면, 그걸 가능케 하는 계책은 얕고 원망은 깊어지게 됩니다. 사람 한 명과 새로 친구를 맺느라 국가가 처할 크나큰 해로움을 돌보지 않으니, 이것은 "원한을 늘리고 화를 북돋는" 격입니다. 기러기 터럭을 화롯불 위에 놓으면 어찌 되겠습니까? 일거리라 여겨지지도 않는 사이에 기러기 터럭은 사라질 겁니다.

독수리나 매처럼 사나운 진나라가 원한으로 가득 차서 포악하게 노여움을 터뜨린다면, 무슨 말을 할 수 있겠습니까? 우리 연나라에 전광 선생이 있는데, 깊은 지혜와 침착한 용기를 갖춘 분이지요. 이분이라면 함께 꾀할 만하실 겁니다."

 스승은 구구절절 옳은 소리를 하고 있어.

캐순 그래봤자 무슨 소용이 있겠어! 칼자루를 쥔 사람이 받아들여야 말이지!

뭉술 태자가 생각을 바꾸지 않을까?

범식 그렇지 않을 거 같다. 그러니까 스승이 태자에게 다른 사람을 소개시켜 준다고 했겠지.

캐순 다른 분을 소개시켜 주겠다는 스승의 말 또한 의미심장하다는 생각이 들어. '확대된 합종책' 이상의 계책은 없을 뿐더러, 다른 괜찮은 길은 찾을 수도 없다는 선언이고 꾸지람인 거라고 할 수 있잖아?

내가 이상한 건가. 스승의 말이 왜 나에겐 꾸지람으로 안 들리지?

캐순 스승이 자기로선 더 이상 어떻게 해볼 수 없으니 정 태자가 말을 안 듣겠다고 하면 다른 사람을 소개시켜 주겠다는 의미로 한 소리라고 생각해봐. 그러면 내 말이 이해될 거야.

물술　설사 그런 뜻으로 했다손 치더라도 태자가 그렇게 알아먹을까? 나도 못 알아듣겠는데.

태자는 네가 아니거든요!

캐순　샘! 전광 선생은 어떤 사람이죠?

야옹샘 이곳 말고는 나오지 않아요.

범식　단순한 현인은 아니란 생각이 들어. "용기가 있고 침착한 것"을 들어 추천하는 것을 보면.

물술　영웅 형가는 도대체 언제 나오지?

태자가 말했다.

"전광 선생과 사귈 수 있도록 스승님께서 다리를 놓아주시면 좋겠는데, 그래 주실 수 있겠습니까?"

국무가 말했다.

"삼가 받들겠습니다."

국무는 밖으로 나가서 전광 선생을 뵙고 말했다.

"태자께서 선생과 나랏일을 도모하고자 하십니다."

전광이 말했다.

"삼가 가르침을 받들겠습니다."

범식　태자는 태자의 길을 가는구먼.

뭉술　자기감정을 따르는 사람이니까.

캐순　그런 태도 때문에, 최선의 정책은 검토도 되지 못하고 폐기 된 거야!

태자 단, 뜻을 도모할 사람을 찾다

그러곤 전광이 태자를 만나러 갔다.

태자는 문 밖에까지 나와 전광을 맞이하고, 뒷걸음치며 그를 안내했다. 무릎을 꿇고 전광이 앉을 자리의 먼지를 털어냈다. 전광이 자리에 앉자, 태자는 좌우에 아무도 없게 했다. 태자는 자기 자리에서 벗어나서 청했다.

"연나라와 진나라는 양립할 수 없다는 점을 선생께서는 유의해 주시기 바랍니다."

범식　전광을 맞이하는 태자의 태도가 극진한데?

캐순　그가 지은 잘못을 씻어줄 유일한 사람이니까!

태자를 그렇게까지 삐딱하게 볼 필요는 없잖아?

캐순　태자가 전광을 만나 "연나라와 진나라는 양립할 수 없다"며 연나라를 걱정하는 폼이 같잖아서 그래. 그가 언제 그의 조국을 걱정했는데?

뭉술　스승인 국무가 보여준 길도 있지만, 태자가 가고자 하는 길도 있어.

캐순　물론. 하지만 길이라고 다 바른 길은 아니지!

범식　좀 더 지켜보자. 기회가 완전히 날아간 것은 아니니까.

전광이 말했다.

"천리마가 하루에 천리를 질주하는 것도 한창 때 그런 것입니다. 그런 말도 노쇠해지면 별 볼 일 없는 말조차도 앞지르지 못한다고 들었습니다. 지금 태자께서는 제 젊은 시절에 대해선 들으셨지만, 저의 정력과 기운이 다 고갈되었다는 것에 대해선 생각지 않으십니다. 비록 제가 감히 나랏일을 도모할 수 없지만, 이 일을 잘 할 수 있는 사람을 알고 있습니다. 형경('형가 선생님' 정도의 뜻이다)을 부릴 만하실 것입니다."

태자가 말했다.

"형경과 사귈 수 있도록 선생께서 다리를 놔주시면 좋겠는데, 그래 주실 수 있습니까?"

전광이 말했다.

"삼가 받들겠습니다."

그러곤 즉시 일어나 재빠른 걸음으로 물러나왔다. 태자가 대문까지 배웅하면서 경계의 말을 했다.

"제가 보복하려고 하는 것이나 선생께서 말한 것은 나라의 큰

일이니, 선생께선 누설하지 않으시길 바랍니다."

전광은 고개를 숙인 채 웃으면서 말했다.

"알겠습니다."

범식　드디어 형가가 나왔어!

캐순　자존심 센 형가와 자기감정만 중시하는 태자 단이 궁합이 맞을 것 같니, 너희들은?

뭉술　전광 선생은 단순히 연결책인가?

범식　전광과 태자 단과의 관계에서 둘 만의 특별한 게 없이 그냥 지나간 걸로 보아 그렇다고 해야지.

캐순　그런 것 같기는 한데, 전광이 마지막에 웃은 게 찜찜해. 아주 조금.

뭉술　별 걸 다 찜찜해 하네!

03

뜻을 이루기 위해
기꺼이
목숨을 내놓다

진시황을 죽이기 위해 스스로 목을 찌른 전광

전광은 꾸부정히 가서 형가를 만나 말했다.

"제가 당신과 친하게 지낸다는 것은 연나라 사람이면 다 알지요. 지금 태자께서 제 젊은 시절에 대해선 들으셨지만, 제 몸이 이미 늙어버린 것은 모르시고 행운을 저에게 베풀어 국가의 일을 가르치시며 "연나라와 진나라는 양립할 수 없다는 점을 선생께서는 유의해 주시기 바랍니다" 하고 말씀하셨습니다. 부족하지만 저는 그 일이 나와 무관하다고 여기지 않아 당신을 태자께 추천했습니다. 당신이 궁전으로 태자를 찾아가 뵙기를 바랍니다."

형가가 말했다.

"삼가 가르침을 받겠습니다."

전광이 말했다.

"저는 '어른이 일을 할 때는 다른 사람에게 의심을 품게 하지 않는다'고 들었습니다. 그런데 이번에 태자께서 저에게 "우리 두 사람이 나눈 말은 나라의 크나큰 일이니, 선생께서 누설하지 않길 바랍니다"라고 말씀하셨습니다. 이것은 태자가 저를 의심한다는 소리이지요. 어떤 일을 하면서 다른 사람의 의심을 받는다면, 그것은 절의 있는 협객이라 할 수 없겠지요."

전광은 스스로 죽어서 형가를 격동激動시켜야겠다고 마음먹고 말했다.

"당신께선 빨리 태자에게 가 전광이 이미 죽었다고 아뢰고, 더 이상 새나갈 말이 없다고 밝혀주시기 바랍니다."

그러곤 스스로 목을 찔러 죽었다.

웃음의 의미가 이것이었구나!

범식 전광이 꼭 이렇게까지 해야 했을까?

뭉술 협객은 신의信義에 죽고 사는 거니까.

범식 멋있기는 한데, 가슴이 어째 묵직해진다.

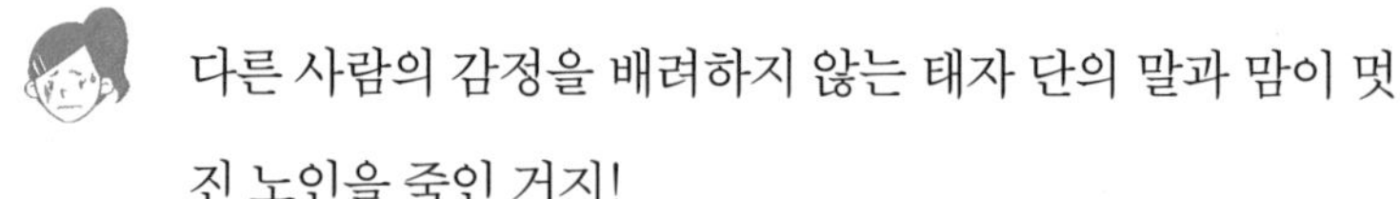

다른 사람의 감정을 배려하지 않는 태자 단의 말과 맘이 멋진 노인을 죽인 거지!

범식 꼭 태자의 그 말 때문에 죽었다고 할 수는 없어. "형가를 격동시키려는" 뜻도 있었다고 했잖아?

물술 그렇게까지 하지 않으면 형가가 태자의 뜻을 따르지 않을까봐 그랬을까?

범식 그럴 수 있지. 형가와 연나라는 아무런 관계가 없으니까.

물술 진시황이나 진나라에게 특별히 나쁜 감정이 있었다고 할 수도 없고.

캐순 나는 그렇게 생각하지 않아. 조국인 제나라에서 옮겨와 살았던 위나라·조나라가 진나라에 의해 침탈당했고, 그 때문에 형가는 계속 떠돌이로 살아야 했으니까.

그 정도론 형가가 진나라의 진격을 막기 위해 목숨을 걸어야 할 이유가 되지 않아. 이 점을 전광 선생도 알고 있었기에 자기 목숨으로 형가를 설득했다고 나는 생각해.

뭉술 전광은 진정으로 자기 나라를 걱정했었나본데?

범식 맞아. '이 일을 전광 자신과 상관없는 것으로 여기지 않았다'고 했어.

캐순 태자로부터 받은 수모를 한 번의 '웃음'으로 날려버리고, 그 수모를 오히려 자기 뜻을 이루는 일로 바꿔버리는 전광이라는 노인, 정말 용기 있고 멋진 노인이네. 게다가 지혜롭고.

뭉술 노인이 자기 목을 내준 걸로 봐서 연나라를 구할 길이 있기는 있다는 거잖아.

범식 그 길은 어떤 길일까?

형가, 태자 단의 뜻을 받아들이다

형가는 곧 태자를 뵙고 전광이 이미 죽었다는 것을 알리고 전광의 말을 전했다. 태자는 두 번 절하고 무릎을 꿇더니만 무릎걸음으로 나아와 눈물을 흘리며 한참 있다가 말했다.

"제가 전광 선생에게 누설하지 말라고 경계를 시킨 것은 큰일을 이루려는 생각에서였는데, 전광 선생께서 죽음으로 말이 새나갈 수 없음을 밝히셨으니, 이게 어찌 저의 뜻이었겠습니까!"

캐순　전광의 죽음을 들은 태자의 태도가 너희들은 어떻다고 생각해?

뭉술　생각보다는 충격을 덜 받은 것 같은데?

범식　이런 일을 당하면, 말이 나오지 않을 것 같은데 바로 말을 한다는 게 조금 의외야.

캐순　그것도 그것이지만, 문제는 말의 내용이야. 전광 선생의 죽음을 자기 탓으로 돌리지 않고 있잖아?

범식　맞아. 일을 시킨 사람으로부터 의심을 받는다는 건 협객에겐 참을 수 없는 모욕이야. 그런데도 그는 자신이 노인을 모욕했다는 걸 몰라. 알면서도 인정하고 싶지 않았을 수도 있고.

잘못을 하고서도 잘못한 줄 모르면 또 잘못을 하게 되는 잘못을 하는……데! 아, 말이 꼬여.

자기가 진나라에서 받았던 업신여김엔 길길이 뛰었으면서도 왜 전광의 마음은 못 느끼지?

캐순　자기감정만 중요한 사람이구먼! 윗자리에 있는 사람이라면 사적인 감정은 내려놓고 보편적인 감정을 가져야 하는데…….

범식 그걸 공자는 "극기복례克己復禮"라 했어. 극기복례하는 게 어짊[仁]이라고도 했고.*

캐순 지금 국면에서 태자가 최대한 극기복례하는 것은 스승이 알려줬던 길, 즉 '확대된 합종책'을 펼치는 것이라는 데에 대해선 우리가 명시적으로 동의한 건 아니지만 암묵적으로는 동의했어. 그렇다면 '확대된 합종책'을 성사시키는 게 지금 이 국면에선 어진 길이라는 거가 돼, 이상하지 않니?

범식 어질다는 건 다른 사람에게 은혜를 베푸는 거잖아?

뭉술 샘! 샘의 한 말씀이 나와야 할 때이지 싶네요.

공자의 한 말씀을 알려드릴 테니까, 생각해보세요.

어진 사람이라야 사람을 제대로 좋아할 수도 있고, 또 제대로 미워할 수도 있다.†

뭉술 사람을 미워하는 게 어진 일일 수도 있다는 거예요, 그럼?

야옹샘 옙! 심지어 공자는 "어질지 못한 자를 싫어하는 사람을 볼 수 있게 되기"‡를 간절히 바라기까지 했어요.

* 《논어》〈안연〉 1장, "子曰, 克己復禮爲仁."

† 《논어》〈이인〉 3장, "子曰, 唯仁者能好人, 能惡人."

‡ 《논어》〈이인〉 6장, "子曰, 我未見好仁者, 惡不仁者."

캐순 원수를 사랑하라가 아니라 미워하라네! 예수님의 길과 공자님의 길이 이렇게 다르니 그럼 어느 길을 걸어야 하지?

범식 두 분의 길이 다르지 않다고 생각해. 공자가 말한 것은 사적인 관점에서가 아니라, 공적인 관점에서 봤을 때 미워할 만한 사람을 미워하라고 했다고 생각해. 예수님도 공적인 관점에선 문제 있는 사람을 꾸짖으셨거든. 예수님이, 거룩한 곳을 더럽히는 자들의 상을 엎고 심지어는 그들에게 예수님 손수 채찍을 휘두르며 쫓아낸 적도 있으니까. 이 이야기는 마태·마가·누가·요한복음서 네 곳에 다 들어 있어. 이 일은 특별히 중요하다고 여겨서 그랬겠지? 네 복음서 모두에 들어 있는 이야기가 많지 않거든. 음, 내가 읽어볼게.

유대 사람의 유월절이 가까워지자 예수께서 예루살렘으로 올라가셨는데, 성전 뜰에 소와 양과 비둘기를 파는 사람들과 환전상들이 앉아 있는 것을 보시고, 노끈으로 채찍을 만드셔서, 양과 소와 함께 그들을 모두 성전에서 내쫓으시고, 돈을 바꾸어 주는 사람들의 돈을 쏟아 버리시고, 상을 둘러 엎으셨다. 비둘기 파는 사람에게는 '이것을 거둬 치워라. 내 아버지의 집을 장사하는 집으로 만들지 말아라' 하고 말씀하셨다.*

* 새번역 〈요한복음〉 2장 13~16절.

 오~ 범식 군!!!

캐순 샘! 극기복례에서 '례'가 뜻하는 게 뭐죠?

야옹샘 '이 세계의 올바른 질서'가 극기복례에서 말하는 예禮라고 할 수 있어요.

뭉술 '예'가 그렇게 큰 거예요?

야옹샘 우주 전체의 질서도 '예'이지요. 송나라에 와서 그것을 '리理'와 '태극'으로 표현했지만, 공자 시대엔 '리理'와 '태극'이란 낱말은 없었고, '예禮'로 통칭했어요.

범식 예절교육 할 때의 예는 본래의 예가 아닌가요?

야옹샘 그것도 예이기는 하지만, 예의 본령이라고 할 수는 없어요. 그래서 예의범절은 곡례曲禮라 했어요. 작디작은 예라는 거죠.

예에 그런 큰 뜻이 들어 있었구나!

캐순 세계 패권을 추구해 이웃 나라를 침략하는 세력에 맞서 그것을 무너뜨리는 것은 올바른 질서를 추구하는 것일 테니까, 그게 바로 '어짊에의 길'이라고 할 수도 있겠네.

뭉술 하지만 태자는 그 길을 팽개쳤어.

범식 태자 자신만의 방식으로 '어짊에의 길'을 걷겠지!

형가가 자리에 앉자, 태자는 자기 자리에서 벗어나 머리를 땅에 박고 말했다.

"전광 선생께서는 못난 저를 생각지 않으시고, 저로 하여금 형경 앞에 이르러 감히 말할 수 있는 기회를 만들어주셨습니다. 이는 하늘이 연나라를 짠하게 여기고 또 불쌍한 저를 버리지 않으려는 뜻이라 생각합니다. 지금 진나라가 품은 탐욕은 결코 만족시킬 수가 없습니다. 천하의 땅을 모두 다 차지하고 천하의 뭇 왕들을 다 신하로 삼지 않고서는 그 욕심이 바닥나지 않을 것입니다. 진나라는 이미 한韓나라 왕을 사로잡고 그 땅을 다 차지했습니다. 또한 군대를 보내 남쪽으로는 초나라를 치고, 북쪽으로는 조나라에 이르렀으니, 진나라 장군 왕전이 수십만 대군을 거느리고 조나라 땅인 장, 업으로 갔습니다. 또한 진나라 장군 이신李信은 조나라의 서쪽 국경선인 태원과 운중으로 출정하였습니다.

조나라는 진나라를 결코 저지하지 못하고 그들의 신하 처지로 전락할 것입니다. 그렇게 되면 화가 연나라에 미칠 것입니다. 연나라는 약소국인데 여러 차례 전쟁에서 패해 곤란을 겪었습니다. 지금 연나라의 국력을 탈탈 털어도 진나라에 대적할 수가 없습니다.

여러 나라의 제후 왕들이 이미 진나라에 복종하여, 감히 합종책으로 진나라에 맞서려 하는 나라도 없습니다.

범식 **이제야 그의 스승이 권유했던 합종책이 눈에 들어오나**

본데?

캐순 그러면 뭐해. 이미 물결은 저만큼 흘러간 걸. 합종책을 쓸 타임을 놓쳤다고 스스로 말하고 있잖아.

뭉술 그렇긴 하지만 모처럼 태자의 말이 명쾌하지 않니?

범식 먼저 전광 선생의 죽음이 갖는 의미를 밝히고, 그 다음엔 현재 진나라 군대의 세력과 주변국들의 상태를 나열한 뒤, 연나라의 힘으로는 진나라를 막을 길이 없다는 점을 또렷이 밝히고 있다는 점에서 명쾌하긴 명쾌하다.

캐순 '이젠 합종책을 펼칠 수도 없게 되었다'는 태자의 말이 예사롭지 않아.

범식 그 사이에, 태자의 스승이 제안했던 합종책을 펼 기회를 날려버린 거지.

뭉술 태자는 반성했을까?

범식 나라의 일인데도, 사적인 감정에 취해 감정적으로 일처리를 한 게 문제였는데 그도 사람이라면 반성을 했겠지.

태자가 반성했다 하더라도 연나라가 진나라 군대를 대적할 길은 어디에도 없어. 이런 판국에 '뒤늦은 반성'이 무슨 의미가 있겠어? '뒤늦은 한탄'만 있을 뿐이지.

범식 계속 태자의 말을 들어보자.

제 어리석은 생각으로는, 정말로 천하의 뛰어난 용사를 얻을 수 만 있다면, 커다란 미끼를 들려서 진나라에 사신으로 파견해 틈을 엿보는 것이 좋지 않겠나 싶습니다. 진나라 왕은 몹시 탐욕스러우니, 그 형세로 보아 틀림없이 우리가 원하는 바를 이룰 수 있을 것입니다.

만약 진나라 왕을 협박하여, 진나라 왕이 그동안 여러 나라 제후들로부터 빼앗은 땅을 다 돌려주게 한다면, 이는 조말 장군이 제나라 환공에게 했던 것과 같을 것이니, 최선일 겁니다. 그렇게 할 수 없다면, 진나라 왕을 찔러 죽여야겠지요. 지금 진나라 장군들은 대군을 이끌고 나라 밖에 있는데, 나라 안에서 변고가 일어나면 틀림없이 [새로 오를] 진나라 왕과 그들 신하 사이에 의심이 생겨나겠지요. 그 틈에 여러 제후들이 합종책을 이루어 진나라에 맞서면 틀림없이 진나라를 격파할 수 있을 것입니다.

이것이 제가 생각하는 최선책입니다. 그런데 이 일을 맡길 만한 사람을 저는 모릅니다. 형경께선 이 점을 유의해 주시기 바랍니다."

뭉술　자객, 자객이라!

캐순　태자가 국무에게 "스승의 계책은 시간이 너무 많이 걸립니다. 내 마음이 어수선하여 잠시도 견딜 수가 없습니다"라고 했을 때 태자는 이미 자객이나 협객에 의한 해결을 머릿

속에 그리고 있었던 거라는 생각이 들지 않니?

범식 그 일이 있은 뒤, 스승인 국무가 태자에게 전광을 추천한 것도 태자의 그런 의도를 알았기 때문이었던 것 같아. 전광은 이름께나 날렸던 협객이었으니까.

뭉술 샘! 자객과 협객이 어떻게 다르죠?

야옹샘 자객은 단순히 '타격'을 가한다는 점에 초점을 맞춘 말이라면, 협객은 '올바른 타격'에 초점을 맞춘 말이에요.

범식 윤봉길, 나석주 같은 분이 협객에 해당하겠네요.

야옹샘 그렇죠.

뭉술 안중근도 협객이라고 할 수 있을까? 일본 사람들은 테러리스트라고 한다던데.

범식 1905년에 이미 일본이 강압에 의해 우리나라를 빼앗았으니까(을사늑약), 이토 히로부미를 죽인 것은 적군을 죽인 것이지 일반 사람을 테러한 것이 아니잖아.

캐순 더구나 안중근은 '을사늑약'이 일어나자 연해주로 망명해서 거기서 의병부대를 조직해 그들을 이끌고 국내 탈환 작전을 펴기도 했어. 이건 그 시기를 한·일간 전쟁기로 봐야 한다는 걸 뜻한다고 생각해.

야옹샘 게다가 이토 히로부미를 저격할 때, 안중근은 의병 참모중장 자격으로 저격했어요. 이런 점을 생각하면 안중근 '의

사'는 올바른 명칭이 아니라고 생각해요. 안중근 '장군'이라 하는 게 실상을 제대로 담은 명칭이겠죠.

범식 샘! 연나라 태자가 '조말이 제나라 환공에게 한 것같이 하면 제일 좋겠다'고 했는데, 이 사건에 대해 좀 들려주세요.

조말은 노나라 장공莊公을 섬긴 장군인데, 제나라와 세 번 싸워 세 번 다 패해 노나라 땅을 많이 뺏겼어요. 무력으로는 도저히 제나라를 이길 수 없자 노나라 장공이 제나라 환공桓公에게 '수遂'라는 땅을 줄 테니 화친하자고 했죠. 제나라 환공이 그것을 받아들여 두 나라가 화친을 맺게 되었는데, 그 자리에 조말 장군도 있었어요. 제나라 환공과 노나라 장공이 조약을 맺으려 하는데, 조말이 그들이 있는 단상으로 갑자기 뛰어 올라 제나라 환공에게 비수를 들이대며, 노나라에서 빼앗아 간 땅을 돌려주겠다는 약속을 하라고 했죠. 제 환공은 우선 살고 봐야 했기에 약속할 수밖에 없었고요. 그러자 조말은 아무런 일도 없었던 것처럼 단을 내려가 조용히 자기 자리에 앉았다고 해요.

뭉술 제나라 환공이 위협에서 벗어난 뒤 조말을 죽이지 않았나요?

야옹샘 죽이고 약속도 물리려 했죠. 그런데 제나라 재상인 관중이, "위협을 받아서 한 약속이라 하여 그것을 지키지 않는다면 다른 나라 군주로부터 신의를 잃게 된다. 어쨌든 군주가 한 약속이니 지켜야 한다"라며 약속대로 땅을 돌려주라고 했어요. 그래서 제나라 환공이 관중의 말을 따라 노나라에 땅을 돌려준 사건이에요. 물론 조말도 살려주었고요.

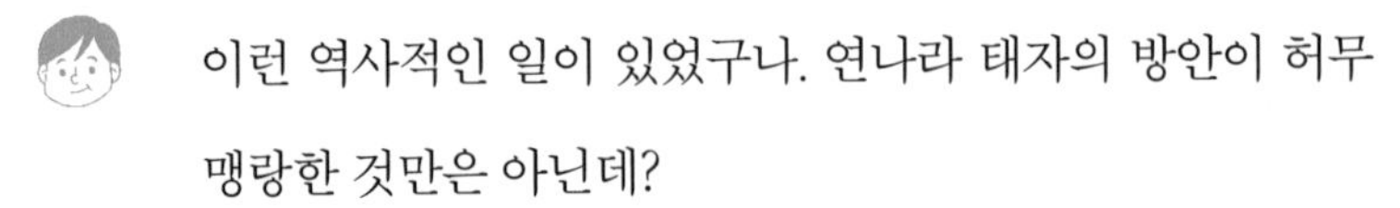
이런 역사적인 일이 있었구나. 연나라 태자의 방안이 허무맹랑한 것만은 아닌데?

캐순 하지만 형가가 조말처럼 땅도 되찾고 그 자신도 살아서 돌아올 수 있다는 것은 있을 수 없다고 생각해. 제나라 환공은 다른 나라 군주들의 눈치를 봐야 할 정도의 군사력밖에 없었지만, 진시황은 그럴 필요가 전혀 없거든.

뭉술 그것이 안 된다면 진시황을 죽일 수는 있잖아?

범식 그것은 가능하지. 하지만 그것은 진시황이 사로잡힌 뒤 말을 듣지 않았을 때 쓰라는 2차 목표야.

뭉술 어쨌거나, 이제 진시황이 그에게 접근을 허용해 줄 정도의 미끼만 있으면 되잖아?

캐순 연나라에 그 정도의 미끼가 있을까?

뭉술 태자가 생각해 뒀겠지!

한참이 흘렀다. 드디어 형가가 말했다.

"이것은 나라의 운명을 결정하는 큰일입니다. 저는 노둔하고 못난이인지라, 그 일을 감당하지 못할까 두렵습니다."

범식 왜 형가는 자객이 되기를 거절했을까?

캐순 책읽기를 좋아했던 형가에게 협객이나 자객은 어울리지 않잖아?

범식 한때 검술을 익혔으니까, 못할 것도 없지!

검술 실력이 뛰어났으면 위나라에 있을 때 발탁되었겠지. 그러지 않은 걸로 보아 별 볼 일 없는 검술이었을 거야. 게다가, 그마저도 작파한 지 한참 되었어.

뭉술 연나라에 들어와선 시장 바닥에서 고점리의 연주에 맞춰 개백정과 함께 노래 부르다가 끝에는 꺼이꺼이 우는 것으로 하루를 보내곤 했는데, 그것으로 자객의 일을 수행할 수 있을까?

범식 배포는 갖춰졌다고 볼 수 있겠지.

캐순 그건 시장 바닥 사람들에게나 내보이던 배포지. 진시황 앞에서도 그런 배포가 나타날 수 있다고 너는 생각하니?

범식 형가가 협객으로서 어울리지 않았다면, 이름께나 날린 협객이었던 전광이 그를 추천할 리 없잖아?

캐순 그것도 그래. 협객에게 필요한 게 뭐길래, 전광은 형가에게서 협객의 기질을 보았지?

뭉술 그렇든 저렇든, 형가가 자객이 되는 것을 거부했어.

범식 설득해야지!

태자는 형가 앞에서 머리를 땅에 찧으며 말했다.

"제발 사양하지 말아 주시기 바랍니다."

그제서야 형가가 응낙했다.

이에 태자는 형가를 높여 상경上卿으로 삼고, 최고위의 관사에 머물게 했다. 태자는 날마다 형가를 찾아가 문안을 드리고, 나라의 제사상에나 올리는 최고급 요리로 그를 접대했으며, 진귀한 것들을 바치고, 수레와 미녀를 보내 형가의 욕망을 채워주며 그의 환심을 사려고 했다.

범식 태자가 "머리를 땅에 찧으며" 사정하니 받아들일 수밖에 없었겠지?

대궐 같은 집에서, 진수성찬을 먹고 마시며, 미녀들과 함께 놀게 된 형가! 처음으로 생활에 필요한 물질적인 것을 다 갖추고서 살게 되었어.

캐순 드디어 나라에 발탁된 거네.

범식 꼭《장자》에 나온 황소 꼴이다.

뭉술 무슨 소린데?

범식 어떤 왕이 장자에게 사신을 보내 벼슬살이를 제안했어. 그러자 장자가 그에게 들려준 말이야. 깨끗한 곳에서 좋은 음식을 실컷 먹고 살이 피둥피둥 찐 소가 되느니, 차라리 진

만약 진나라 왕을 협박하여, 진나라 왕이 그동안 여러 나라 제후들로부터 빼앗은 땅을 다 돌려주게 한다면, 최선일 것입니다.
그렇게 할 수 없다면, 진나라 왕을 찔러 죽여야겠지요.
천하의 뛰어난 용사를 얻을 수만 있다면...
틀림없이 원하는 바를 이룰 것입니다.
형경께서 이 일을 맡아 주시기 바랍니다.
번오기의 목과 독항의 지도라면,
진나라 왕은 틀림없이 저를 만날 것입니다.
그렇게되면 제가 태자의 은혜에 보답할 수 있을 것입니다.

흙을 파먹는 미꾸라지로 살겠다
는 거야.

물술 아니, 왜?

범식 소에게 그렇게 맛나고
좋은 것을 먹일 때는 다
노리는 게 있어서라는 거
지. 그건 바로 제삿날 그
소를 제사상에 올리기 위
해서라는 거야. 장자가 사람들에게 알려주고 싶었던 거지.
잠깐의 부귀영화를 위해 목숨을 버리는 건 바보라는 거.

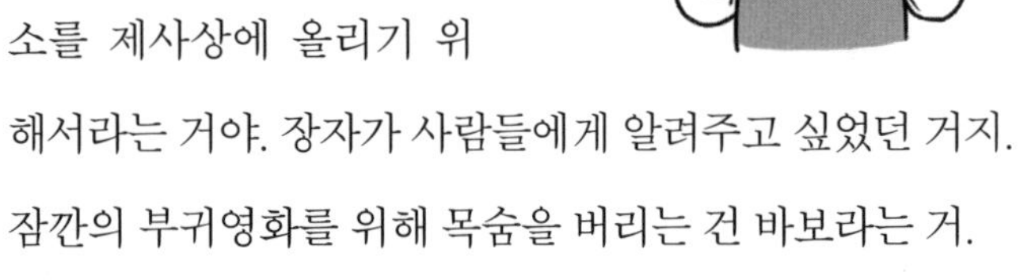

물술 형가가 딱 그 소 꼴인데?

범식 너희들이 형가였다면 받아들였겠니?

형가는 연나라나 연나라 태자를 위해 목숨을 바쳐야 할 까닭, 즉 의義가 없어! 나라면 이 잔을 받지 않았겠다.

친하게 지냈던 전광이 죽음으로 부탁했는데도?

형가의 기다림

시간이 제법 지났는데도 형가는 진나라로 떠날 기미를 보이지 않았다. 진나라 장군 왕전은 조나라를 격파하여 조나라 왕을 사로잡고 그 나라 땅을 몽땅 진나라 땅으로 삼았다.

그러고는 병력을 북쪽으로 진격시키며 땅을 공략해 마침내 연나라 남쪽 국경선에 이르렀다. 태자 단은 두려움과 공포에 사로잡혀 형가에게 말했다. "진나라 병사가 역수를 건너는 것은 하루거리도 안 됩니다. 그런즉 비록 제가 당신을 모시고 싶다 하더라도 어찌 그렇게 할 수 있겠습니까?"

뭉술　형가는 왜 미적거리고 있지?

캐순　서두르면 실패하니까.

뭉술　설마 목숨이 아까워진 것은 아니겠지?

캐순　알 수 없지. 하지만 기회는 단 한 번이고, 그 한 번의 기회조차도 만들기 힘들다는 것도 사실이야.

뭉술　진시황의 마음에 딱 드는 미끼가 있으면 될 텐데!

범식　태자는 그것을 아는지 모르는지 또 조바심이 나서 안절부절 못하고 있어. 그 조바심 때문에, 그의 스승이 알려준 최선의 방안이었던 '확대한 합종책'을 펼 시도조차 못했었지.

형가가 말했다.

"태자께서 말씀하시지 않았어도 제가 아뢰려던 참이었습니다. 지금 진나라로 가려 해도 신표信標가 될 만한 것이 없으면 진나라 왕에게 접근할 수 없습니다. 번오기 장군은 진나라 왕이 황금

1천 근과 1만 가구의 식읍지를 걸고서 찾고 있는 사람입니다. 번오기 장군의 목과 연나라 독항督亢 지역의 지도를 얻어 진나라 왕에게 바친다면, 진나라 왕은 틀림없이 저를 만나줄 것입니다. 그렇게 되면 제가 태자의 은혜에 보답할 수 있을 것입니다.

뭉술 번오기의 목이 진시황이 제일 기뻐할 미끼라는 건데, 이번엔 태자가 받아들일까?

캐순 지난번에 흉노에게 보내는 것도 허락하지 않았는데?

범식 그땐 조나라, 위나라가 진과 연나라 사이에 있어 여유가 있었지만, 지금은 진나라가 연나라 국경에 거의 이르러 그럴 여유가 없어.

뭉술 '자기 나라의 예속이냐? 의탁해 온 자의 목숨이냐?' 이것이 문제로다.

 그렇지.

태자가 말했다.

"번오기 장군은 궁지에 빠져 그곳을 벗어나려고 저에게 온 사람입니다. 저는 차마 제 자신의 사사로움을 위해서 그분의 뜻을 저버리고 싶지 않습니다, 다른 계책을 생각해 주시기 바랍니다."

캐순　태자는 왜 새삼 진시황을 암살하려는 일이 태자 자신의 "사사로운" 욕심이라는 거지?

범식　태자는 아직도 자기가 진나라에서 업신여김 받았던 것에 대한 원한을 갚기 위해 이 일을 하고 있다고 믿고 있나 보지.

뭉술　연나라가 태자 자신의 소유란 생각을 하고 있다는 거지?

캐순　그 나라엔 태자만이 아니라 대대로 농사짓고 벼슬살이 한 백성도 있는데? 게다가, 태자 아버지가 엄연히 왕으로 있는데도 그렇게 생각했을까?

뭉술　태자는 자기감정만 중요한 사람이잖아!

범식　이 일의 성격이 그런 거, 그러니까 태자가 받은 수모를 되갚아주기 위한 거라면, 형가가 목숨을 담보로 그 일을 맡아야 할 이유가 없어. 형가에게 고국이나 다름없이 된 연나라를 위해서라면 몰라도.

캐순　연나라가 형가의 고국 같은 나라라고 할 수 있는 근거가 뭔데?

범식　연나라는 형가를 알아주어 벗이 되어준 사람들 즉 고점리, 개백정, 전광 선생이 있는 나라잖아. 특히 전광 선생은 이 일을 위해 스스로 자기 목숨을 끊기도 했고.

캐순　그런 사람들이 있는 나라라면 목숨을 바쳐서라도 지켜야겠다는 생각이 들 수도 있겠네. 그때까지 여러 나라를 떠돌아다녔지만 형가를 알아주어 벗이 되어준 사람들이 있는 나라가 없었으니까.

 친구가 되어주기는커녕 윽박지르고 막 대했지.

캐순 그러고 보니, 맨 앞에 있었던 형가의 두 일화—조나라 땅 유차에서 개섭과 검술에 대해 토론하다가 개섭이 형가를 노려보자 아무런 대꾸도 하지 않고 자리를 떠나버린 일과 한단에서 노구천과 장기를 두다가 말판을 쓰는 일을 가지고 다투게 되었을 때 노구천이 성을 내며 형가를 꾸짖자 말없이 떠나버린 일—와 그가 연나라 시장 바닥에서 지냈던 일이 딱 대비되는데? 형가가 연나라를 어떻게 생각했을지 대충 짐작이 간다.

 그렇다면, 사마천이 그걸 노리고 '《전국책》의 원 텍스트'에도 없던 이야기를 굳이 찾아서 맨 앞에 붙여 놓은 건가?

캐순 사마천이라면 그럴 수 있지.

뭉술 그럴듯하긴 한데, 연나라만이 아니라 '천하[중국]'의 평화를 위해서 진시황을 암살할 수도 있는 거잖아?

캐순 형가가 '천하' 의식을 가졌다는 걸 입증할 만한 게 없잖아.

범식 있었다면, 사마천이 형가 이야기를 〈자객열전〉에 넣지 않고 최소한 〈세가世家〉* 에 넣지 않았을까? 늘 천하 의식을 가졌던 공자나, 진시황이 이룬 패권을 무너뜨리는 깃발을 치

켜들었던 진승과 오광을 〈세가〉에 넣었던 것처럼.

야옹샘 사마천이 공자, 그리고 진승과 오광을 〈세가〉에 넣은 까닭을 딱 부러지게 밝히지 않아서 샘도 범식이의 생각에 대해선 뭐라 말을 못하겠지만, 재미있는 발상이네요.

범식 그나저나 번오기의 목은 안 된다고 태자가 말했으니, 이제 무엇으로 미끼를 삼지?

형가의 비책, 그리고……

형가는 태자가 차마 번오기의 목을 주지 못할 것을 알고 직접 번오기를 찾아가 뵙고 말했다.

"진나라가 장군에게 대했던 것을 생각하면 참으로 심했다고 할 수 있습니다. 부모는 물론 온 집안이 도륙을 당해 몰살되었습니다. 지금 장군의 머리에 황금 1천 근과 1만 가구의 식읍지를 걸었다는 소리를 들었습니다. 장군께선 앞으로 어찌 하시겠습니까?"

번오기는 하늘을 쳐다보고 눈물을 흘리며 크게 한숨을 몰아쉬고는 말했다.

* 사마천은 사기를 〈본기〉, 〈세가〉, 〈열전〉으로 나누어 기록했다. 〈본기〉엔 천하를 실제로 감당한 나라 즉 천자의 나라를 넣었고, 〈세가〉엔 한 나라를 감당한 나라 즉 제후의 나라와 인물을 넣었고, 〈열전〉엔 군주는 아니었지만 어떤 이유로든 기억될 만한 일을 한 사람을 넣었다.

“제가 그 일만 생각하면 고통이 골수에까지 사무치지만, 어떻게 해야 할지 모르겠습니다.”

형가가 말했다.

“연나라의 근심을 풀고, 장군의 원수에게 원한을 갚을 수 있는 계책이 있는데 어쩌시겠습니까?”

번오기가 앞으로 몸을 당기며 말했다.

“어떻게 해야 하는데요?”

형가가 말했다.

“장군의 머리를 얻어 진나라 왕에게 바치기를 원합니다. 그러면 진나라 왕은 기뻐서 저를 만나 주겠지요. 그때 제가 왼손으로는 그의 소매를 잡고, 오른손으로는 그의 가슴팍을 찌르겠습니다. 이렇게만 되면 장군의 원한을 갚고, 연나라가 당한 모욕도 씻을 수 있을 것입니다. 장군께서는 어쩌시겠습니까?”

뭉술 결국 형가가 나섰는데?

범식 태자의 성격 정도도 파악하지 못했다면 ‘책을 좋아하는 사람’이라 할 수 있겠어?

캐순 책을 좋아하는 것과 한 사람의 성격을 파악하는 것이 무슨 상관인데?

딱 부러지게 말은 못하겠지만, 그게 공부가 아닐까?

유학에서 공부의 목적은 어진 사람[仁者]과 지혜로운 사람이 되는 것인데, 공자가 "사람을 아는 게 지혜로운 것"* 이라고 했으니, 책을 읽고 공부를 했으면 다른 사람의 됨됨이에 대해 아는 게 마땅하지 않을까요?

뭉술 네. 그런데 진시황이 번오기에게 단단히 화가 난 모양인데요? 번오기 목에 건 황금 1천 근은 엄청난 것이잖아요? 1만 호의 식읍이 어느 정도 규모인지는 잘 모르겠지만.

야옹샘 그 세 배인 3만 호 식읍이 어느 정도인지를 느껴볼 수 있는 게 있어요. 진나라가 무너진 뒤 중국을 다시 통일했던 한나라 고조가, 통일의 1등 공신이었던 장량에게 3만 호의 식읍을 내리겠다고 하자, 장량이 너무 많다며 사양하고 대신에 그것의 10분의 1쯤 되는 지역을 달라고 한 일이 있어요. 1만 호 식읍이면 얼마나 큰 규모인지 대강 느껴지죠?

범식 그 정도로 진시황이 번오기에 대해 칼을 갈고 있다는 거잖아. 그런 사람의 목을 진시황에게 바치겠다고 하면, 진시황이 틀림없이 만나줄 것 같은데?

뭉술 번오기가 자기 목을 내주느냐에 달렸지!

오홋! 뭉술이 대단한데? 어떻게 그런 멋진 말을!

* 《논어》〈안연〉, "樊遲 問仁. 子曰, 愛人. 問知. 子曰, 知人."

번오기는 한쪽 소매를 찢어 어깨를 드러낸 채 앞으로 나와 말했다.

"이것이야말로 제가 밤낮 이를 갈고 가슴을 태우던 것입니다. 이제야 그 방법을 찾았으니 가르침을 받들겠습니다."

번오기는 마침내 스스로 목을 찔렀다.

뭉술　자기 목숨을 '주머니 속 공깃돌 내 주듯이' 하는구나!

딱 맞는 말이네. 오~ 뭉술이!

범식　태자가 자기 나라를 위험에 빠뜨리면서까지 번오기 자신을 지켜주려 한 것에 대한 의리였을까?

캐순　만약에 번오기가 형가의 안을 거부했다면 어떻게 되었을까?

뭉술　그랬다면, 그는 형가에 의해 죽었겠지.

범식　형가가 그렇게까지 했을까?

캐순　잊지 마, 형가는 자객이야! 자기 목숨조차 버릴 각오가 되어 있는 사람이란 소리지.

범식　이러나저러나 죽을 테니까, 번오기가 그것을 눈치 채고 이름이라도 얻기 위해 목숨을 내줬다는 소리를 하고 싶은 거야?

뭉술　그럴 수도 있겠지만, 뜻 있는 죽음을 뜻 깊게 받아들이자!

캐순　샘! "번오기가 옷을 찢어 한쪽 어깨를 드러내며, 한 손으로

팔을 움켜쥔 채 다가서며 말했다"라고 했는데, 이렇게 하는 까닭이 있나요?

야옹샘 당나라 때 사마천의 후손인 사마정司馬貞이 《사기색은史記索隱》이란 책을 지었는데, 거기에서 "용기 있는 자가 사나움을 떨치려 할 땐, 반드시 먼저 왼손으로 오른팔을 잡고서 표현한다"라고 말한 걸로 봐서, 그게 당시 관습이었던 것 같아요.

물술　자기의 용맹스러움을 과시하는 제스처라는 거구먼!

캐순　킹콩이 가슴을 쿵 쿵 치며 달려드는 것과 같은 거지.

범식　번오기는 자기 자신의 목을 찔렀어. 킹콩의 사나움과 비교될 성질의 것이 아니지!

태자가 이 소식을 듣고는 말을 달려와 주검 위에 엎드린 채 통곡했다. 더할 수 없이 슬퍼했지만 이미 지난 일이라, 어찌해볼 도리가 없었다. 이에 번오기의 목을 조심스럽게 상자에 담아 봉했다.

물술　태자가 또 하나의 의로운 주검 위에 눈물을 뿌리는구나!

결국 이렇게 될 거였다면, 애초에 흉노에 보내는 게 낫지 않았을까?

범식　이렇게 될 줄 태자가 알았겠어?

캐순 어쩌면, 번오기가 태자에게 왔을 때부터 태자는 번오기를 미끼로 써먹어야겠다는 생각을 하지 않았을까?

뭉술 무슨 근거로?

캐순 태자는 줄곧 자객을 통한 해결만을 생각했잖아? 특별한 미끼가 필요하다는 것도 알고 있었고. 태자가 했던 말, "이 세상에서 가장 용감한 사람을 얻어 진나라에 사신으로 보내 큰 이익을 미끼로 던져서 유혹해 진나라 왕이 이익을 탐하도록 만든다면, 그 형세는 틀림없이 우리가 원하는 것을 이룰 수 있다." 이 말을 무슨 뜻으로 했겠니?

범식 그 정도로는 근거가 될 수 없어. 태자가 막연히 한 말일 수도 있어. 더군다나 그는 차분히 생각하는 사람이 아니라, 감정대로 하는 사람이거든.

샘도 범식이 말에 동의해요. 하지만 캐물이처럼 상상력을 발휘해 보는 데서 창의적인 해석이 나오는 거니까, 그런 식으로 생각하는 것도 좋지요. 실제로 캐물이처럼 주장한 학자도 있어요. 그분도 딱 부러지는 근거를 대지는 못했지만.

이제 태자는 천하에 이름을 얻은 비수를 얻으려 알아보았다. 조나라 사람 서 부인徐夫人이 만든 비수를 황금 1백 근으로 사들인 뒤, 야금장이로 하여금 독약을 묻혀 칼을 담금질하게 했다. 사람에게 시험해 봤더니, 칼에 닿아 피 한 방울만 흘려도 선 자리에서 죽지 않은 자가 없었다. 칼을 잘 포장하여 형가에게 보냈다.

그때 연나라에는 진무양秦舞陽이라는 용사가 있었다. 그는 열세 살에 사람을 죽일 정도였는지라, 사람들은 감히 그의 눈을 쳐다보지도 못했다. 이에 태자는 진무양으로 하여금 형가를 보좌하도록 했다.

캐순　이제 떠나는 길만 남았어.

뭉술　한 자루 칼에 제 목숨 태우고 가는 길!

범식　그렇지. 진시황의 구미에 딱 맞을 미끼. 그리고 그 미끼를 가장 값비싸게 써먹을 수 있는, 천하에 가장 예리한 칼과 그 칼날에 바를 치명적인 독. 필요한 것은 다 갖추어졌으니까.

뭉술　형가를 도울 부사수도 준비되었어.

캐순　왜 형가가 직접 자기 파트너를 고르지 않았지?

범식　자객에게 가장 중요한 게 담력인데, 열세 살에 사람을 죽일 정도였다면 그런 일을 맡길 만하다고 태자가 여겼겠지.

캐순　담력도 중요하지만, 일을 같이 도모하는 사람 사이의 호흡도 무시할 수 없잖아?

물술 샘! 진무양은 어떤 사람이죠?

야옹샘 《사기》〈흉노열전〉에 진무양의 할아버지 진개가 나오는데, 연나라의 유명한 장군이었대요. 진개는 어렸을 때 호족胡族의 볼모로 있었는데, 연나라로 돌아와서 호족을 쳐 땅을 1천 리나 빼앗았다고 해요.

범식 그런 사람의 손자에다 열세 살에 사람을 죽일 정도로 사납기까지 했으니 연나라에선 꽤 알려졌겠다.

뭉술 태자가 형가 대신에 진무양을 주도자로 선택할 수도 있었을 텐데 왜 안 했지?

범식 진나라에 사신으로 가서 자객 노릇을 해야 할 사람이니까. 사신의 일차적인 요건은 말을 잘 해야 하는 거잖아.

뭉술 결국은 칼로 적국의 왕을 찔러야 하니까 담력도 빼 놓을 수 없어.

캐순 형가에게 담력이 있었나? 그가 담력을 보여준 적이 없잖아? 별것도 아닌 걸 가지고 호통치고 째려본다고 짐을 싸서 그 지역을 떠난 것도 담력이라고 한다면 모를까.

뭉술 시장 바닥에서 호기롭게 술 먹고 노래 부르고 했잖아!

캐순 그 정도를 가지고 천하의 진시황 앞에 설 수 있을까?

범식 그래서 태자가 형가에게 진무양을 부사수로 붙여주었잖아.

뭉술 이제는, 가야 하는가!

04

한번 떠나면
다시
돌아오지 못할
길을 가다

비수 한 자루 들고 떠나는 길, 누가 함께 할 것인가

형가에게는 기다리는 사람이 있었다. 그와 함께 진나라에 가고자 했으나, 사는 곳이 멀어 아직 도착하지 못했는데, 기다리는 사이에 떠날 채비가 다 꾸려졌다. 시간이 조금 흘렀다. 형가는 출발하지 않았다. 태자는 형가가 지체한다고 여겼다.

 형가가 원하는 사람이 따로 있었는데?

캐순 그럼 진무양은 형가에게 뭐지?

뭉술 한 명쯤 더 있으면 유사시에 좋잖아.

범식 협객의 일은 다다익선多多益善이 아니야. 철두철미 그 일에 적합한 사람만 있어야 해.

뭉술 태자의 마음이 타들어가겠는데?

캐순　그런 태자의 마음을 전달하기 위해 사마천은 시간이 많이 지났다고 하지 않고 "시간이 조금 흘렀다. 형가는 출발하지 않았다. 태자는 형가가 시간을 너무 끈다고 여겼다"라고 했을 거야. 실제로 시간은 조금밖에 지나지 않았는데도, 태자에겐 그렇게 느껴지지 않았던 거지.

뭉술　또 사마천 글빠(?) 나오셨구먼!

범식　시간을 조금만 지체해도, 초조한 사람에겐 엄청 굼뜨고 밍기적거리는 것으로 여겨지는 게 사실이야.

태자는 혹시 형가가 마음이 바뀌어 후회하는 건 아닌지 의심이 들었다.

캐순　전광 선생도 태자에게 의심을 받아서 스스로 목숨을 끊었잖아?

결국 형가도 의심을 받게 되었어.

범식　진시황 암살에 필요한 게 다 갖추어졌는데도 형가가 뚝 떼고 나서지 못한 걸 보면, 태자가 의심하는 것도 무리가 아니었겠지.

이에 태자는 다시 형가에게 청했다.

“하루해가 이미 다 기울었습니다. 형경께 어찌 다른 뜻이 있겠습니까? 진무양을 먼저 보냈으면 합니다.”

물술 태자는 진무양 혼자서도 그 일을 할 수 있다고 생각하는 건가?

차라리 진무양이 더 낫겠다고 여긴 건 아닐까? 사람들이 진무양을 쳐다보지도 못할 정도이니까.

범식 태자가 “형경께 어찌 다른 뜻이 있겠습니까?”라고 말을 해, 형가를 믿는 체하며 사실은 조롱한 걸 보면, 태자가 그렇게 여긴 게 맞는 것 같아.

캐순 그런데, 형가가 기다렸던 사람은 누굴까?

형가는 발끈하며 태자를 질책했다.

“어찌하여 태자는 그 사람을 보낸단 말입니까? 가서는 돌아오지 못할 자가 그 놈입니다. 비수 한 자루를 들고 가늠도 되지 않는 강대한 진나라에 들어가는 길입니다. 제가 머뭇거리는 까닭은 나와 맞는 협객[吾客]을 기다려 함께 떠나려 해서였습니다.

물술 형가가 이렇게 화낼 때도 있나?

캐순 진무양에 대한 형가의 평가가 의미심장해.

물술 "가서는 돌아오지 못할 자"라는 소리?

캐순 응. 단순무식한 자일뿐이라는 거지. 변화무쌍한 상황에 어떻게 대처할 줄 모른다는 소리이기도 하고.

범식 진무양이 열세 살에 사람을 죽인 뒤로 사람들마다 그를 쳐다보지도 못했다고 하니, 자신을 되비춰보는 능력이 그에게 생겼을 리 없지.

뭉술 그게 맞을 거 같다. 그냥 무대포로 하면 뭐든 다 되었을 테니까.

캐순 그런 사람과 누가 함께 일을 하겠어.

뭉술 태자 단!

야옹샘 공자도 "맨 손으로 호랑이를 잡으려 하고, 맨 몸으로 강을 건너려는 자와는 함께 일을 하지 않겠다"라며 "계획을 잘 짜서 일을 이루는 자와 함께 하겠다"라고 했어요.*

또한 증자에 의하면, 공자는 "스스로 되비쳐봐서 올바르면, 비록 수천만 명이 반대해도 그 앞으로 나가겠다"고도 했고요.†

뭉술 그런데 형가는 진무양을 그렇게 봐놓고 왜 그와 파트너가

* 《논어》〈술이〉 10장, "子曰, 暴虎馮河, 死而無悔者, 吾不與也. 必也臨事而懼, 好謀而成者也."

† 《맹자》〈공손추·상〉 2장, "吾嘗聞大勇於夫子矣, 自反而不縮, 雖褐寬博, 吾不惴焉, 自反而縮, 雖千萬人, 吾往矣."

되었지?

캐순　형가는 진무양을 자기 파트너로 여기지 않고 있다는 생각이 드는데?

범식　"나와 맞는 협객"이라고 형가가 말하는 걸로 봐서 그게 맞는 것 같다.

뭉술　손발이 맞는 사람과 일을 하는 게 옳겠지?

캐순　그 사람은 도대체 누굴까?

지금 태자께서 제가 밍기적거린다고 여기시니, 하직하고 바로 떠나겠습니다."

　어, 파트너 없이 그냥 떠나겠다고 하네!

범식　파트너가 없는 건 아니야. 진무양이 파트너가 되는 거지.

뭉술　신뢰하지 않는 사람과 파트너가 돼서 일할 순 없잖아.

캐순　그 사람이 꼭 필요하다면 형가가 이렇게 하면 안 되잖아? 태자에게 조금 더 말미를 구해야지!

범식　그게 쉽지 않다고 여겼겠지.

캐순　자존심 때문이 아니고?

뭉술　사마천이 들려준 두 일화에 따르면 형가는 엄청 자존심이 세니까, 그 말이 맞겠어! 논쟁하던 상대편이 노려보고 꾸짖는다며 말도 없이 그 지역을 떠나버리는 사람이었잖아?

범식　물론 자존심 때문이기도 하지만, 더 이상은 태자가 받아들여 주지 않을 거라 생각했을 거야.

뭉술　그 전에 형가가 그런 부탁을 한 적이 있단 말이니?

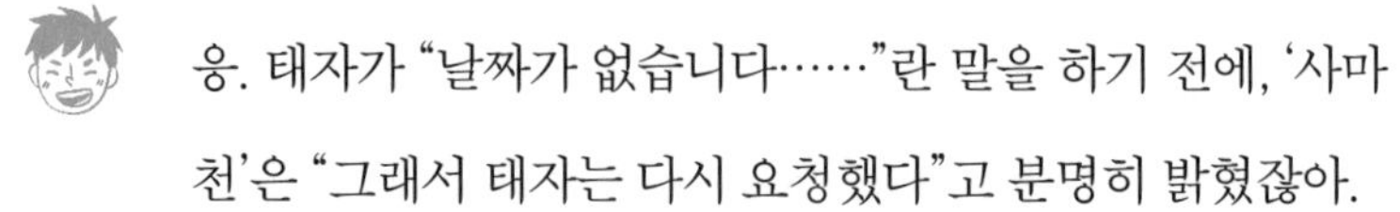

응. 태자가 "날짜가 없습니다……"란 말을 하기 전에, '사마천'은 "그래서 태자는 다시 요청했다"고 분명히 밝혔잖아.

캐순　그때 태자가 형가에게 "하루해가 이미 다 기울었습니다. 형경께 어찌 다른 뜻이 있겠습니까?"라며 빈정대기까지 했지.

범식　"진무양을 먼저 보내자"고 노골적으로 말하기도 했어!

한번 떠나면 다시는 돌아오지 못할 길, 그 길을 떠나다

그러곤 드디어 형가가 출발했다.

태자와 이 일을 아는 사람들이 모두 흰 옷에 흰 관을 쓰고서 형가를 전송했다. 역수 강변에 이르러 제사를 지내고 길을 떠나야 할 순간이 되었다. 고점리가 축을 타자 형가가 그에 맞춰 노래를 불렀다. 음조가 구슬픈 변치 조가 되자, 사람들이 모두 눈물을 흘렸다.

형가는 앞서가며 노래를 불렀다.

바람 소리 휘휘하니
역수가 차갑구나!
장사는 한 번 가면
다시 돌아오지 못하리…
인물도 잘나고 훤하네.
젊은 양반이 너무 아깝다.
살아 돌아오시오, 꼭
나라 꼴이 이러니…
아이고, 아이고
형가님, 보고 싶을 거예요..

바람 소리 휘휘하니
역수易水가 차갑구나!
장사將士는 한번 가면
다시 돌아오지 못하리.

곡조가 우성으로 바뀌자 그 소리가 높고 강개慷慨(의기가 북받쳐 슬프고 원통함—편집자)하여 사람들 눈이 모두 부릅떠졌고 머리카락이 솟아 관을 뚫었다. 형가는 수레에 올라타고 떠나갔다. 수평선이 끝나도록 뒤도 돌아보지 않았다.

왜 흰색 옷을 입고 흰색 모자를 쓰고서 배웅하지? 장례식 치르는 것처럼?

캐순 태자가 형가를 처음 만났을 때 한 말은 '조말처럼 했으면 좋겠다'는 거였잖아? 그 말의 뜻은 살아 돌아오라는 것이고.

범식 조말은 살아 돌아왔지만, 형가와 진무양은 그럴 수 없다는 것을 다 알고 있는 거지.

캐순 또, 고점리의 연주에 맞춰 노래를 부르는구나!

뭉술 마지막 가는 길이니까.

캐순 시장 바닥에서 그렇게 하며 지냈던 때가 형가에게는 가장 행복한 시절이었겠지?

뭉술 형가의 노래가 가슴을 울린다.

범식 바람이 일어나, 일렁이며 흘러가는 물이 꼭 형가를 닮아서인 거지.

캐순 한번 지나간 물은 다시는 돌아오지 않기도 하지.

야옹샘 증자가 "죽음이 가까운 새의 울음소리는 슬프고, 죽음이 가까운 사람의 말은 선하다"* 했는데, 형가도 죽음으로 나가는 길이라 우리의 마음을 후비는 가사로 노래를 부를 수 있었겠다는 생각이 드네요.

증자가 죽을병에 걸려 제자들을 불러 말했다. "내 발을 열어 보아

* 《논어》 〈태백泰伯〉 8장, "鳥之將死 其鳴也哀 人之將死 其言也善."

라. 네 손을 펴 보아라. 시경에 이런 구절이 있지. '조심조심하며 산다. 깊은 못가에 놓인 듯이, 엷은 얼음을 밟고 선 듯이!' 오늘 이후에야 삶의 엄숙함을 면했구나, 제자들아."

증자가 죽을병에 걸려 맹경자가 병문안을 오자, 증자가 말했다. "죽음이 가까운 새의 울음소리는 슬프고, 죽음이 가까운 사람의 말은 선합니다. 군자가 정말 귀중히 여겨야 할 도는 세 가지입니다. 몸을 움직여 행동할 때는 포악함과 교만함을 멀리해야 하고, 얼굴빛을 바로 하여 미더움에 가까워야 할 것이며, 말을 할 때는 비루하고 속된 말을 멀리해야 할 것입니다. 제사상을 올바로 차리는 일은 그것을 맡은 관리의 몫이니 공이 힘써야 할 일이 아닙니다."*

물술　샘! '변치變徵 소리'라는 게 뭐죠?

야옹샘　전통적인 음률이 궁宮·상商·각角·치徵·우羽† 인 것은 아시죠? 변치는 각과 치 사이에 음을 두는 것으로 오늘날의 F조

* 《논어》〈태백〉 2장.

† 한국 전통음악에서 한 옥타브 안에 쓰인 기본적인 5음률을 말하는데, 7성음계에서 변치變徵와 변궁變宮이 빠진 것이다. 오성五聲, 오성음계五聲音階라고도 한다. 서양음악의 계이름 '도·레·미·솔·라'에 해당한다. 중국에서 들어온 것이지만 주체적으로 수용하여 한국식 '궁·상·각·치·우'를 만들었다고 한다. 이웃하는 음 간격에 반음이 있을 때와 없을 때로 나눌 수 있는데 우리나라는 후자가 더 많이 사용된다.

調에 해당해요. 그 소리가 무척 구슬프고 처량하죠.

캐순 우성羽聲은 어떤 소리예요?

야옹샘 오늘날의 A조調에 해당하는데, 장쾌하고 씩씩하며 맑은 가락의 소리예요.

캐순 형가가 처음엔 구슬픈 노래를 하다가 나중엔 결의를 다지는 노래를 했구나.

범식 노래를 듣는 사람들의 머리카락이 곤두서서 칼날같이 될 정도로 결기 있게 부른 거지.

노래를 하려거든 그 정도는 해야지!

범식 고점리의 연주 솜씨도 장난이 아니었을 거야.

05

형가, 진시황과 맞장 뜨다

형가, 진시황 앞에 서다!

형가는 드디어 진나라에 도착했다. 천금이나 되는 예물을 진나라 왕이 총애하는 신하인 중서자中庶子* 몽가蒙嘉에게 바쳤다.

물술 기다리던 사람은 끝내 못 왔구나.

캐순 뒤도 돌아보지 않는 형가의 단호함에 가슴이 먹먹해진다.

그러니까 협객이지. 윤봉길 의사가 폭탄을 던지러 가기 전에 김구 선생과 헤어지면서 했던 말이 깊은 울림이 있었는데, 형가와 고점리가 헤어지는 장면도 또 다르게 가슴을 울린다. 흐음.

* 공족公族의 호적 사무를 담당하던 벼슬이다.

물술　뭐라고 했는데?

범식　"조금 지나면 제게는 시계가 필요 없습니다. 선생님의 시계보다 제 시계가 더 좋으니, 바꾸시지요."

어떻게 하면 죽음으로 가는 길이 그렇게 담백할 수 있지?

야옹샘　소크라테스가 갔던 죽음의 길도 마찬가지였지요. 사형선고 받던 날 마지막 발언이 그거예요. "이제 떠날 시간입니다. 제 앞에는 죽음으로의 길이, 여러분 앞에는 삶으로의 길이 놓여 있습니다. 어느 길이 더 나은지는 오직 신만이 아십니다."*

캐순　그건 그렇고, 번오기의 목과 '독항'이라는 지역의 지도를 바치면서도, 아랫사람에게 뇌물을 주고서야 바칠 수 있나?

범식　그냥 아랫사람이 아니야. 진시황이 가장 총애하는 신하에게 바쳤어.

물술　까딱하면 진시황의 얼굴도 못 보고 미끼만 따먹힐 수 있으니까.

몽가는 형가를 위해 진나라 왕에게 먼저 말을 했다.

"연나라 왕은 참으로 대왕의 위엄을 두려워하여 감히 군대를

* 이양호 지음, 《소크라테스는 한번도 죽지 않았다—《변론》 단단히 읽기》(평사리, 2017), 206쪽.

일으켜 우리 군에 대항할 뜻이 없습니다. 오히려 온 나라를 들어 진나라의 신하가 되고자 합니다. 다른 여러 제후들과 함께 진나라의 군郡이나 현縣처럼 공납을 바쳐, 그들의 조상에게 제사를 받들 수 있기를 바라고 있습니다. 하지만 두려움에 떨어 이런 말씀을 감히 직접 아뢰지 못하고, 번오기의 목을 베고, 연나라 독항 지방의 지도를 바치겠다며 그것들을 상자에 밀봉해서 보냈습니다. 연나라 왕은 궁전에서 예를 차리고 사신을 보내 대왕의 하교를 기다리고 있습니다. 대왕께서 명해 주시옵소서."

진나라 왕은 이를 듣고 크게 기뻐하며, 조복朝服(군주와 신하가 조회 때 입는 예복)을 입고 구빈九賓의 예*를 갖추어 함양궁에서 연나라 사자를 만나겠다고 했다.

캐순　드디어 진시황과 형가가 맞장을 뜰 시간이야.

뭉술　태자 단의 믿음인, 진무양도 있어.

이들이 이 자리에 서기까지 두 사람, 전광과 번오기가 스스로 목을 내놓았지!

캐순　칼이 얼마나 예리하고, 그 칼에 묻힌 독이 얼마나 치명적인가를 알아보느라, 졸지에 마루타가 되어버린 사람들은 또

* 그것의 구체적인 내용에 대해 논란이 있다. 아홉 가지의 격식이 다른 예절이라 생각하는 학자도 있고, 빈객을 접대하는 아홉 사람을 뜻한다고 생각하는 학자도 있다.

몇 명이었겠어?

뭉술　그런데 맹독을 바른 그 칼을 어떻게 가지고 가지?

범식　그러게, 외국 사신이 진시황을 만날 때 칼을 차는 게 허용되지 않을 텐데!

형가는 번오기의 머리가 든 상자를 받들고, 진무양은 독항 지방의 지도가 든 상자를 받들고서 진나라 왕에게 나아갔다. 차례로 계단에 이르렀다. 진무양의 얼굴빛이 확 변하며 부들부들 떨었다. 여러 신하들이 그 점을 이상히 여겼다.

뭉술　진무양이 왜 갑자기 겁을 집어 먹었지?

진시황을 보자 쫀 거지.

범식　이제야 죽음이 느껴진 거지. 진무양의 나이 열세 살 때부터 연나라 사람들이 그 눈도 쳐다보지 못했다는데, 그가 자신의 죽음을 느낄 일 같은 게 있을 수 있었겠어?

뭉술　열세 살 때 사람을 죽였는데도? 사람을 죽이면 자신도 죽게 될 가능성이 아주 많잖아?

범식　목숨이 무엇보다 소중하다고 느낄 때에야 비로소 죽음이 죽음으로 여겨지지 않을까? 열세 살은 목숨에 애착을 느낄 나이가 아니야.

뭔가 이상한데?
아니, 저 자가 왜 저러나?
북방 오랑캐 땅에서 살던 촌놈이옵니다. 이제까지 천자를 직접 뵈온 일이 없었던지라 두려워 떨고 있는 것이옵니다.
덜 덜 덜 덜
저 자가 들고있는 지도를 가져오라.

뭉술 그는 한 번도 죽음을 진정으로 대면해 본 적이 없다는 소린데, 그럼!

캐순 형가가 진무양에 대해 "그는 나아갈 줄만 알고 돌아올 줄은 모른다"고 했던 소리가 그런 의미였나?

뭉술 소크라테스는 죽음 앞에서도 정말 담담했는데…….

범식 소크라테스니까~

야옹샘 소크라테스가 죽음 앞에서 담담할 수 있었던 것은, 평소에 그가 늘 죽음과 대면했기 때문이라고 할 수 있어요. 그는 늘 "진정한 철학자들은 사실은 죽는 것을 직업으로 삼으니, 모든 사람들 중에서 죽음을 가장 덜 두려워 할 것"[*]이라고 말했어요.

범식 윤봉길 의사도 늘 죽음의 그림자와 대면했겠지? 그러니까 그렇게 의연할 수 있었을 거야.

그런데, 진무양이 그런 정도의 인간인 것을 알면서도, 형가는 왜 그를 데려왔을까?

캐순 태자의 눈엔 그런 진무양이 보이지 않았으니까!

뭉술 그나저나, 이제 어쩐다?

* 플라톤 지음, 천병희 옮김, 《파이돈》(숲, 2012), 126쪽.

형가는 진무양을 돌아보며 웃고는 앞을 향해 사죄의 말을 올렸다.

"북방 오랑캐 땅의 촌놈인지라 일찍이 천자의 얼굴을 뵌 적이 없어 저리 떠는 것이오니, 대왕께서는 조금 은혜를 베푸시어, 저로 하여금 대왕 앞에서 일을 끝마칠 수 있게 해주시옵소서!"

뭉술 이런 초긴장 상황에서도 웃을 수 있다니! 형가는 참으로 죽음을 초월했나 보다.

캐순 진무양과 너무나 대비되는데? 형가와 논쟁하던 사람이 형가를 노려보자 형가가 얼른 짐을 싸서 그곳을 떠나던 이야기를 읽을 땐, 형가가 겁쟁이 같다는 생각도 들었는데.

뭉술 사람의 진면목은 위기 상황에서 드러난다는 게 흰소리가 아닌 것 같다.

캐순 형가의 담담함과는 관계없이, 진나라 조정에 있던 뭇 신하들의 의심을 샀으니 어쩌지?

뭉술 전광 선생은 태자 단의 의심을 받은 뒤, 스스로 목을 찌르기 전에 웃었는데…….

진나라 왕이 형가에게 말했다.

"진무양이 들고 있는 지도를 가져오너라."

캐순　진시황은 꺼림칙한 걸 못 느꼈나본데?

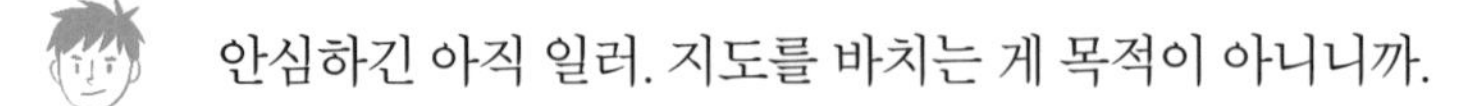

안심하긴 아직 일러. 지도를 바치는 게 목적이 아니니까.

뭉술　그러게, 비수는 어디에 있는 거지?

형가는 지도를 받아 진나라 왕에게 바쳤다. 진나라 왕이 지도를 펼쳤다. 거의 다 펼쳐졌을 때, 비수가 드러났다.

캐순　지도 속에 비수를 숨겼구나!

지도 속에 어떻게 비수를 숨기지?

범식　옛날엔 책이 두루마리 형태로 되어 있으니까, 두루마리 끝에다 칼을 넣고 돌돌 만 거지.

뭉술　하지만 진시황이 지도를 들고서 펼쳐보게 되는 거잖아?

캐순　지도가 거의 다 펼쳐지는 순간, 칼이 바닥으로 떨어질 텐데?

뭉술　위에서 아래로 쭉 늘어뜨리게 되어 있나?

범식　맞아. 동양화 그림이 위·아래 방향으로 돌돌 말려 있잖아.

캐순　바닥에 떨어진 칼을 먼저 집는 사람이 승자겠네. 윽~ 떨려.

운명을 가르는 형가와 진시황의 대결

형가는 왼손으로 진나라 왕의 소매를 잡고 오른손으론 비수를 쥐고서 진나라 왕을 찔렀다. 칼날이 진나라 왕의 몸에 닿을락말

네가 오늘
내 손에 죽어야겠다 !!
!

락했다. 진나라 왕은 놀라서 벌떡 몸을 일으켰다. 소매가 찢어졌다.

진나라 왕이 칼을 뽑으려 했지만, 칼이 너무 길었다. 왕은 칼집만 쥐었을 뿐, 워낙 황급하고 칼이 꽉 끼어 있는지라 칼을 뽑을 수 없었다. 형가가 진나라 왕을 추격하자, 진나라 왕은 기둥을 돌며 달아났다. 신하들 모두 경악할 뿐, 너무도 갑작스런 일이라 아무런 대책도 떠올리지 못하고, 멍해 있을 따름이었다.

또한 진나라 법에 궁전에서 천자를 모시는 신하는 누가 되었건 아주 조그마한 무기도 지닐 수 없었다. 무기를 든 병사들은 모두 어전 아래에 줄맞춰 서있었지만, 왕이 부르기 전에는 올라올 수 없었다. 하도 급박한지라, 진나라 왕은 밑에 있는 병사를 불러야겠다는 생각을 떠올리지도 못했다. 그래서 형가는 진나라 왕을 쫓아다닐 수 있었다.

뭉술　한 편의 소설이나 영화를 보는 것 같다.

캐순　나도 그래. 전쟁을 치러야 하는 수백만·수천만의 목숨이 걸린 일이고, 천하가 걸린 일이기는 하지만.

범식　이미 끝난 일인 걸 뭐. 하여튼 사마천의 글솜씨 하나는 알아줘야겠다. 생생하잖아?

캐순　아무리 진시황의 명령이 없어도 그렇지! 이렇게 위급한 상황인데도, 단 밑에 있는 장군들은 칼을 빼들고 와서 형가를 찌르지 않는단 말이야?

범식 법이 지엄하니까!

뭉술 자객에 의해서 왕이 죽게 생겼는데도?

캐순 독재자가 다스리면 법이 그렇게 어처구니없게 되는가봐. 제2차 세계대전 때 독일군이 연합군의 노르망디 상륙 작전에 그렇게 속수무책으로 당한 것도 히틀러의 어처구니없는 명령 때문이었다고 하잖아.

범식 노르망디 상륙 작전 전에 연합군 측에서 (역)정보를 흘려 독일군을 혼란시켰다는 소리는 들었지만, 히틀러의 어처구니없는 명령 때문이란 소린 못 들었는데.

뭉술 범식이가 모르는 것도 있다니~

하하.

캐순 연합군의 (역)정보에 속아서 독일군은 다른 곳에 정예병을 결집시켜 놨는데, 아침이 되어 연합군이 노르망디로 상륙하고 있는 것을 독일군이 보았어. 그러면 바로 조치를 취해 근처에 있는 독일 정예병을 옮겨와야 할 것 아니야?

뭉술 히틀러가 병사를 못 옮기게 한 거야?

캐순 그건 아니야. 히틀러는 오래 전부터 늘 아침이 되면 잠자리로 가서 세 시까지 잤대. 그런데 잠자는 동안은 어떤 경우에도 히틀러를 깨워서는 안 된다는 게 그의 명령이었어. 그래서 오후 세 시에 히틀러가 잠자리에서 일어날 때까지 독일군은 연합군이 상륙하는 것을 지켜보고만 있었다는 거야.

몽술 진시황의 경우하고 어쩜 그리 똑같지?

범식 독재자끼리는 시간과 장소에 상관없이 서로 통하나 보지.

캐순 둘 다 자기 나라의 '유일한' 주인이었다는 점에서 그들은 샴쌍둥이라고도 할 수 있겠지.

병기를 갖지 못한 신하들은 형가를 가격하지 못하고 손으로 붙들려 했다.

이때였다. 왕의 건강을 돌보는 의사 하무저가 진나라 왕에게 올리려고 들고 있던 약단지를 형가에게 던졌다. 그 사이 진나라 왕은 기둥을 삥 돌아 달아났다. 하지만 그 뿐 너무도 황급해서 어찌해야 할 줄을 몰랐다.

캐순 그나마 의원이 탕약 그릇을 던져서 진시황에게 시간을 벌어주었구나.

범식 그릇이 날아오자 형가가 아주 잠깐 움찔했겠지. 그 짧은 순간에 진시황은 기둥 뒤로 내 뺄 수 있었고.

몽술 진시황 앞에서 약단지를 던져서는 안 된다는 법은 미처 만들지 못했나 보지.

캐순 미처 만들지 못한 법이 진시황을 한 숨 돌리게 한 셈이네.

그런데, 진시황은 손에 칼을 가지고 있잖아?

범식 긴 칼이어서, 칼집에서 칼을 빼질 못한다잖아.

평상시엔 칼을 어떻게 빼지? 늘 칼집에 모셔 놓는 칼은 아닐 것 아니야!

이에 주변의 신하들이 말했다.

"왕이시여, 칼집을 등 뒤로 돌리고 칼을 뽑으시옵소서!"

칼집을 등 뒤로 돌리고 후려쳐 뽑아내자, 칼이 드디어 칼집에서 뽑혔다. 칼로 형가를 내리쳤다. 형가의 왼쪽 허벅지가 잘렸다. 형가가 쓰러졌다. 형가는 비수를 겨눠 진나라 왕에게 던졌다. 빗나갔다. 비수는 기둥에 박혔다.

진나라 왕은 다시 형가를 내리쳤다. 형가는 여덟 군데나 상처를 입었다. 형가는 일이 실패했음을 알고 기둥에 기댔다. 그러곤 웃었다. 두 발을 쭉 뻗으며 꾸짖었다.

"일을 이루지 못한 것은 [너를] 생포한 뒤 겁박해서, 땅을 돌려주겠다는 약속을 너에게 받아내, 연나라 태자에게 보답하려고 했기 때문이다."

이에 진나라 신하들이 앞으로 나와 형가를 죽였다.

물술　　형가가 불렀던 노래가 생각나는구나.

"바람 소리 휘휘하니

역수易水가 차갑구나!

장사는 한 번 가면

다시 돌아오지 못하리!"

캐순　　난자된 타이어 같다.

 그런 중에도 웃었어. 두 발을 쩍~ 벌리고. 하하.

뭉술 두 번 웃자, 인생이 끝나는구나.

캐순 난해하다, 형가! 가장 행복한 시절엔 시장바닥에서 벗과 울고, 가장 불행한 순간엔 궁궐에서 웃고 있으니.

뭉술 삶과 죽음이 난해하니까.

캐순 정말 난해해~

뭉술 그런데, 진무양은 그동안 뭐하고 있었지?

캐순 이미 무대 뒤로 퇴장해 버린 것 같아.

범식 겁을 잔뜩 집어 먹어서 얼굴은 시퍼렇고, 질려있고, 벌벌 떨고 있는 사람이 뭘 할 수 있겠어!

캐순 그가 나중에라도 겁에서 풀려나기만 했더라면, 역사가 바뀌었겠지?

뭉술 어떤 경우엔 역사가 바뀌는 게 이리도 쉽구나.

범식 그러면 자기감정을 누를 줄 몰라 형가를 의심했던 태자 단 때문에, 역사는 우리가 알고 있는 길로 나아갔다고 해야 하나?

야옹샘 한漢나라 때, 추양이라는 사람이 있었어요. 그는 양승이라는 사람의 모함을 받아 옥에 갇혀 죽게 되었죠. 그때 추양이 왕에게 형가의 일을 들며 자신을 의심하지 말라고 글을 올린 일이 있어요.

"옛날에 연나라 태자 단이 의로운 일을 하려는 것을, 형가가 높이 쳐 진나라 왕을 죽이려 결심했을 때, 하늘이 감응해 흰 무지개가 해를 꿰뚫는 현상이 나타났습니다. 그런데도 태자 단은 형가가 두려움에 빠져 차일피일 미루고 있다고 의심했습니다."

뭉술 추양이란 사람도, 형가가 의심받아 자기가 함께 가기를 바랐던 사람과 같이 가지 못하고, 결국 진무양과 함께 진시황 앞으로 갔던 것을 안타까워했구나.

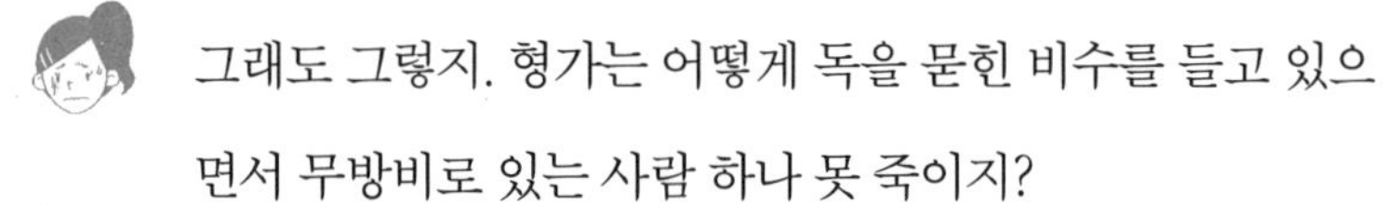

그래도 그렇지. 형가는 어떻게 독을 묻힌 비수를 들고 있으면서 무방비로 있는 사람 하나 못 죽이지?

야옹샘 형가가 진시황을 찌르려고 하는 이 장면을, 당나라 장수절張守節이 지은 《사기정의史記正義》는 다르게 말하고 있는데, 재미있으니까 읽어 볼게요.

형가가 왼손으로 진시황의 가슴팍을 잡자, 진나라 왕이 말했다. "오늘 일이 그대의 계책을 따라 이루어졌으니, 슬瑟 소리나 듣고 죽게 해달라!" 그러고는 여인을 불러 가야금[琴]을 뜯게 했다.

여인은 가야금을 뜯으며 노래했다.

"비단으로 된 홑옷은 쉽게 찢어져 떨어지고,

여덟 자 병풍은 뛰어 넘을 수 있도다.

왕이 쥐고 있는 검은

등에 지면 뽑힌다네."

진나라 왕이 이에 떨쳐 소매를 찢고 병풍을 뛰어 넘어 도망갔다.

이게 훨씬 감동적인데?

물술　칼날 번뜩이는 곳에 가녀린 여인의 손가락과 노랫소리가 있으니까.

캐순　그런데 진시황은 슬 소리를 듣겠다고 해놓고 가야금을 타게 한 것은 또 뭐지?

범식　그러게?

뭉술　진시황이 경황이 없다는 것을 생생하게 보여주려는 의도가 아니었을까?

캐순　그렇게 말하니까, 진시황이 정신이 나가 있다는 느낌이 확 든다. 금방 자기가 한 말을 기억하지 못해 딴 소리 하는 넋이 빠진 인간이 생생하게 보인단 말이지.

범식　《사기정의》를 지은 장수절이 일부러 그런 것이라는 거지? 이 지점에선 장수절이 사마천보다 더 뛰어나다고 해야겠다.

사람들이 입으로 전하면서 진시황의 허둥대는 모습을 가장 생생하게 보여줄 수 있는 방식을 찾아내 이미 바꾼 것을 장수절은 그냥 옮기기만 했을지도 모르지. 대체로 한 사람

보단 기나긴 시간을 보내면서 두루 살피는 다수가 더 지혜로우니까.

 나 감동 먹었어, 뭉술아! 정말 그럴 듯하다~

뭉술 '좋은' 옛이야기는 다 그렇게 되어 있다며~

캐순 벌써 책이 끝날 때쯤 됐나? 끄트머리에 다가가기만 하면 뭉술이의 눈이 몇 배 밝아지는 것은 이번에도 어김이 없나봐!

범식 그런데, 샘! 어떤 게 더 사실에 가깝다고 할 수 있나요?

사마천이 이 이야기 끝에 다시 한 번 이 상황에 대해 밝히고 있으니 그때 가서 보죠.

06

거사 실패,
진시황의 세상이 되다

진시황의 분노에 불이 붙다

진나라 왕은 오랫동안 안정하지 못했다.

일이 다 끝난 뒤 진나라 왕은 논공행상論功行賞을 했는데, 그곳에 있던 신하들에게 차등을 주어 상을 주었다. 하무저에게는 황금 이백 일溢을 주며 말했다.

"하무저가 나를 사랑했기에 약그릇을 형가에게 던졌다."

안타까운 사람이 죽었는데, 다른 쪽에선 그 때문에 상복이 터졌구나!

캐순 '전쟁은 악마'라는 게 이런 이유 때문이지.

뭉술 진시황 자신이 자객의 손에 죽다 살았는데도, 밑에서 멀뚱멀뚱 쳐다보고만 있었던 진나라 장수들에겐 벌을 주지 않았나?

캐순 왕의 명령이 없으면 단상으로 올라와선 안 되는 법을 지켰을 뿐인데?

뭉술 법 때문이라고는 하지만, 진시황이 그래도 기가 막혔을 거야. 안 그래?

범식 속수무책束手無策(손이 묶인 것처럼 어찌할 방책이나 도리가 없이 꼼짝 못함—편집자)이었지 뭐.

뭉술 맞아. 그런데 왕 앞에서 왕이 먹을 탕약을 던진 것은 죄가 되지 않나?

캐순 죄를 지은 거지. 그래서 진시황이 한 마디 해서 그게 죄가 아니란 걸 변명했잖아. "하무저가 나를 사랑하여 약그릇을 던졌다."

뭉술 정상 참작인가?

범식 상을 주었으니, 하무저는 법률을 만든 취지까지 알았다는 칭찬인 거지. 흐음.

캐순 사람에겐 스스로 생각하는 '정신'이 있어야 한다는 걸, 진시황은 그때 깨달았을까?

범식 진시황에게 그런 깨달음이 있었다면 분서갱유焚書坑儒를 안 했겠지.

"진시황이 하무저를 위해 변명했다"는 캐순이의 말을 그냥 농담으로 여겨서는 안 돼요. 영화 〈영웅〉을 보면 장예모 감독도 이 부분에서 고심했다는 걸 알 수 있어요. 물론 자기 나름의 사상과 색깔로 표현했지만요. 곧 영화를 보고 이것에 대해 다시 얘기를 나누도록 하죠.

그나저나, 형가 이후로 진시황을 노린 자객은 없었나?

아옹샘 장량張良이 진시황을 습격* 한 게 《사기》 〈유후(장량의 작위) 세가〉에 나와요.

범식 암살에 실패한 연나라의 운명을 그래도 지켜봐야겠지?

이 일로 진나라 왕은 크게 분노했다. 더욱더 많은 병력을 동원하여 조나라를 향하게 하고, 진나라 장군 왕전에게 연나라를 치라는 조칙詔勅(왕이 내리는 명령이나 이를 알리는 문서)을 내렸다. 열 달을 버티지 못하고 연나라 도성인 계성薊城이 함락되었다. 연나라 왕과 태자 단 등은 정예병을 거느리고서 동쪽으로 가 요동을 지키려 했다.

* "장량은 먼저 회양에서 예禮를 배웠다. 그런 뒤 동쪽으로 가서 창해군倉海君을 만나 뵙고 힘센 장사를 얻어, 무게가 백이십 근이나 나가는 큰 철퇴를 만들었다.
　진시황이 동쪽을 순시할 때, 장량은 그 장사와 함께 박랑사에서 매복하고 있다가 진시황의 수레에 철퇴를 던졌다. 하지만 진시황이 타는 수레를 잘 몰라 시종이 타는 수레를 맞추고 말았다. 진시황은 크게 분노하며 중국 땅을 샅샅이 뒤져 자객들을 급히 잡아들였는데, 장량을 잡기 위해서였다. 이에 장량은 이름과 성을 바꾸고 하비로 달아나 숨었다."
이양호 지음, 《장량》(평사리, 2015), 16쪽.

진나라 장군 이신李信이 연나라 왕 희喜를 추격하자, 대代나라 왕인 가嘉가 연나라 왕에게 편지를 보냈다.

"진나라가 연나라를 이리도 심히 몰아치는 것은 연나라 태자 단 때문입니다. 만약 왕께서 태자 단을 죽여 진나라 왕에게 바친다면, 진나라 왕은 노여움을 풀 게 틀림없습니다. 그렇게만 되면 연나라의 사직에서 제사가 계속되는 행운을 누릴 수 있을 것입니다."

캐순 이제 태자 단의 목을 진시황에게 바쳐야 할 차롄가?

헉! 아버지에게 자식의 목을 따라는 거네.

범식 실제로 태자 자신이 땄다고 할 수 있는 전광 선생, 번오기의 목을 무가치한 일로 만들어버린 대가지.

뭉술 과연 연나라 왕이 태자의 목을 진시황에게 보낼까?

범식 그는 태자 단의 아버지이기 이전에 한 나라의 왕이야.

태자 단 스스로 목을 내줘야 하는 것 아니야?

범식 전광이나 번오기, 형가처럼?

캐순 겁을 집어먹어서 제대로 일을 하진 못했지만, 진무양조차도 연나라 태자 때문에 그의 목이 날아갔어.

범식 잔은 돌고 돌아 태자 단에게 넘어오는구나!

뭉술 세상은 둥그니까.

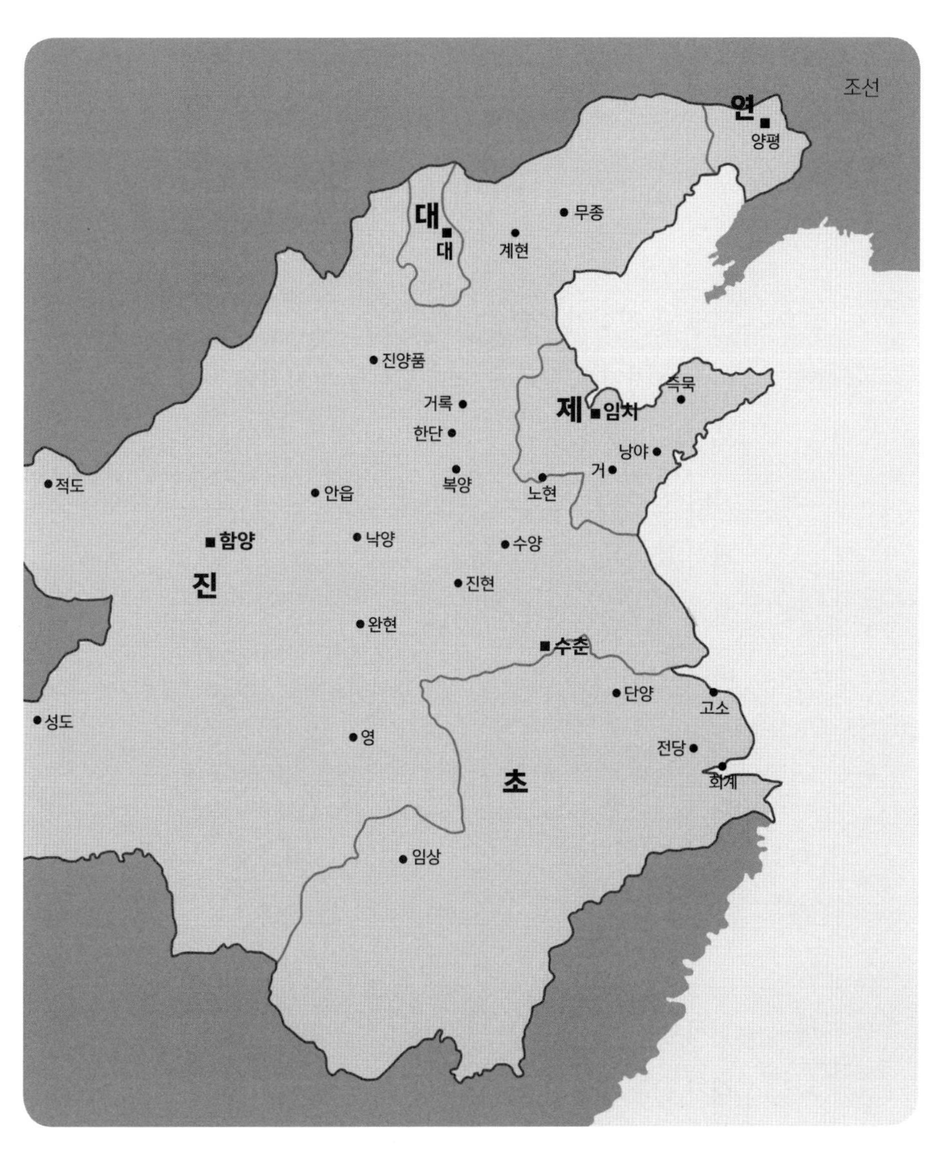

형가의 거사가 실패하고 초나라와 연나라가 멸망하기 직전의 전국시대 형세
(기원전 224년경)

그 뒤 진나라 장군 이신이 태자 단을 추격했다. 태자 단은 연수라는 강으로 몸을 숨겼다. 이에 연나라 왕은 사신을 보내서 태자 단의 목을 베어 진나라 왕에게 바치려 했다.

물술　태자 단, 자신의 목숨은 아까웠나 보지?
캐순　태자가 자기 목숨을 준다고 진시황의 노여움이 가신다는 보장도 없잖아?
물술　말이라도 넣어 봤어야지. 태자는 그런 시도도 하지 않았어. 자기 목숨이 아까우니까.
범식　그래서 그 아버지가 시도했겠지.
캐순　비정한 아버지로 만든 자식인 셈이군.

진나라가 또다시 병력을 진격시켜 연나라를 공격했다. 5년 뒤 진나라는 마침내 연나라를 멸망시키고 연나라 왕 희를 포로로 잡았다.

캐순　진시황이 연나라 태자 단의 목을 거부했나 본데?
물술　태자 단은 목숨은 건진 건가.
범식　그러면 뭐하겠어. 태자가 자객에 의한 방법을 강구할 때, 태자의 스승인 국무가 그 위험을 분명히 말해주었는데도 스승의 말을 안 듣고 자기감정에만 충실하더니만, 결국 스승이 경고한 위험을 입증하고 말았는데.

캐순 "위태로운 일을 하면서……"라고 국무가 말했지.

뭉술 샘! 태자는 어떻게 되었죠?

야옹샘 《사기》〈진시황 본기〉에 따르면, 진나라 왕전 장군이 태자 단의 목을 친 걸로 되어 있는데, 사마천 당시에도 여러 말이 있었던 것 같아요.

천하가 진시황의 세상이 되다

이듬해 진나라는 천하를 병탄竝呑(다른 나라의 영토나 남의 재물을 한데 아울러서 제 것으로 만드는 일)하고 황제라는 칭호를 세웠다.

뭉술 결국 진나라에 의해 춘추전국시대가 끝나고 중국이 통일되었구나.

샘! 장예모 감독의 영화 〈영웅〉이 형가 이야기를 극화한 것이라고 하셨는데, 잘 모르겠던데요?

야옹샘 겉만 보면 그렇게 생각이 들 거예요. 형가라는 이름도 나오지 않고, 내용 전개도 다르니까요. 하지만 모티브란 측면에서 보면, 확실히 《사기열전》의 형가 이야기를 따랐다는 생각이 들 거예요.

물술 난 아직 그 영화를 못 봤는데!

캐순 영화를 못 본 사람이 한 명 있는 것도 논의에 또 다른 맛을 줄 거야!

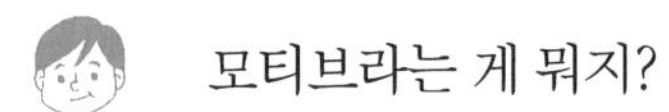 모티브라는 게 뭐지?

범식 작가가 자기의 핵심 사상을 표현하기 위해 동원한 기법이나 서사를 모티브라고 하지.

뭉술 〈영웅〉이 형가 이야기와 모티브가 같다는 건, 〈영웅〉도 진시황을 죽이려는 자객 이야기라는 건가.

캐순 진시황에 의해 공개 수배범이 된 두(세) 명의 자객이, 또 다른 자객에게 자기 목을 내놓고 자기들의 목숨(과 다름없는 그들의 칼)을 가지고 가서 진시황 앞으로 나아가 만날 수 있게 한 다음, 그 자객으로 하여금 진시황을 죽일 수 있도록 꾸민 것도 같은 모티브라 할 수 있겠네.

물술　전광과 번오기처럼?

범식　응. 영화 〈영웅〉에서 그들에 해당하는 인물은 잔검과 비설, 장천이지. 형가에 해당하는 인물은 무명無名이고.

물술　두 작품의 모티브가 같다는 건 알겠고, 이야기를 풀어나가는 방식이나 주제는 어때?

우선, 방식에서 많이 달라. 〈영웅〉은 진시황이 무명에게 두(세) 자객을 물리친 이야기를 묻자 무명이 자초지종을 말해. 이야기를 다 듣고 난 진시황의 말이 아주 의외야. 뛰어난 반전이지. '이야기는 그럴 듯하지만, 그래도 거짓이다. 무명 당신은 한 명, 즉 나(진시황)를 너무 우습게 봤다'라며, 진시황 자기 나름대로 그 일이 어떻게 된 건가를 추론해서 말해. 진시황의 말을 다 듣고 난 무명이, '당신(진시황)의 추론은 대부분 맞았지만 한 자객에 대해 잘못 알아 추론이 틀렸다'라며 다시 이야기를 들려주는 방식으로 영화가 진행돼.

캐순　그런 중에, 장예모가 이 작품을 만들면서 던졌던 근본적인 질문과 그에 대한 대답이 나와. 그런데 나는 사마천이 했던 대답과 장예모의 대답은 전혀 다르다는 생각을 했어.

범식　장예모의 질문은 '그때 진시황을 죽이려고 했던 게 역사적으로 올바른 것이었나?' 하는 거야.

캐순　진시황이 아니었다면 중국은 한참 뒤에나 통일이 되었을 거고, 어쩌면 유럽처럼 끝내 여러 나라로 쪼개져 있었겠구나 하는 생각을 하면, 충분히 던질 만한 물음이라는 생각이 드는데?

뭉술　진시황을 죽였다면 '역사의 죄인'이란 소린가?

범식　장예모는 그렇게 생각했지. 잔검殘劍*의 입을 통해 두 번씩이나 "왕을 죽여선 안 돼요"라고 말하고 있거든.

캐순　그러면서 진나라 궁전으로 들어가 진시황을 죽이려는 무명에게 단 두 글자만 쓸 테니 잘 생각해보라고 하곤 모래밭에 써 갈겨.

뭉술　그게 뭔데?

범식　'천하天下!'

뭉술　천하라는 글자가 아무리 위대해도, 바람 한 번 일면 사라질 운명이잖아! 모래밭에 썼으니.

범식　'바람 한 번 일면 사라질 천하'라는 말을 가지고 얘기하면

* 영화 자막에 파검이라 한 게 있는데, 잔검이 맞다.

재미있겠다는 생각이 든다. 하지만 사마천과 장예모의 사상을 견주는 것에 집중하기 위해 그건 놔두자.

뭉술 '천하'를 생각하는 것과 진시황을 죽여선 안 된다는 게 관계가 있나?

캐순 "백성을 도탄에 빠뜨린 전쟁을, 오직 진나라만이 이를 종식시켜 천하를 통일할 수 있"으니까, 천하 통일의 대의를 위해서 진시황을 죽여선 안 된다. 이게 잔검의 생각이야. 물론 장예모의 사상이지.

모든 "통일은 대박"* 이라는 소리군!

오~ 뭉술이!!!

캐순 형가 이야기 속에서 묻고 있는 사마천의 물음은 그럼 뭐지?

범식 장예모의 용어를 빌리면 전광·번오기·형가는 다 영웅인데, '그 위대한 영웅들이 목숨을 바쳤는데도 진시황을 죽이는 데 실패한 까닭은 뭔가?' 이게 사마천의 물음이었다고 생각해.

캐순 진무양이 제대로만 했어도 진시황이란 명칭도 없었을 텐데. 쩝쩝~

범식 그렇지. 진나라 왕이 중국을 통일한 뒤, 그 스스로 붙인 이

* 2014년 신년 기자회견에서 통일 구상을 묻는 질문에 박근혜 전 대통령이 한 말이다.

름이 (진)시황이니까.

물술 사마천은 진무양에게 막중한 일을 맡긴 사람, 즉 태자 단이 문제라고 여기지 않았을까?

캐순 태자 단의 참을성 없는 성격에 자기감정만 중요시한 게 문제라고 여긴 거지.

범식 잔검을 통해 장예모가 말하듯, 진시황이 정말로 '역사 정신'(그 시대가 놓여 있는 자리와 나아가야 할 방향을 정확히 알고, 그에 따라 사는 삶)을 체현體現(관념이나 사상 같은 정신적인 것을 구체적인 행동이나 형태로 실현하거나 표현함—편집자)한 인물이라면 진시황을 죽여서는 안 되잖아?

뭉술 잔검은 진시황이 그런 인물이란 걸 어떻게 알았지?

캐순 잔검과 비설飛雪이 검법을 완성시켜 진시황을 죽이려고 서예를 연마하기도 했었는데, 왜 잔검은 생각이 바뀌었지?

뭉술 역시 무협 영화답군! 서예 연습을 통해 검법을 완성시키겠다고 하고 있으니~

범식 잔검이 서예를 연마하면서 깨달은 이치가 '진시황을 죽여선 안 된다'는 거였어.

캐순 잔검과 함께 서예를 연마한 비설은 '진시황을 죽이려는 마음'이 더욱 더 굳어졌고!

뭉술 진시황을 천하의 독재자라고 보는 견해와 천하의 영웅이라고 보는 견해를 그 두 사람이 각각 대표하고 있다고 할 수 있겠네.

캐순 그렇다면, 장예모가 생각했던 영웅은 그 자객들이라기보다는 진시황이겠는데?

범식 그럴 것 같다. 그 자객들도 영웅이긴 하지만, 그런 영웅들을 훌쩍 뛰어넘는 영웅은 진시황이라는 것을 장예모는 말하고 싶었다는 생각이 든다.

캐순 그래서, 그 자객들 잔검과 무명이 영웅일 수 있는 것은 역설적이게도 진시황 죽이기를 그만두는 데 있었던 거야.

영화에서는 진시황이 아주 멋진 인간으로 나왔겠는데?

범식 당근이지. 잔검이 붉은 먹으로 쓴 '劍'이라는 글씨에서 홀연히 검술의 최고 경지를 깨닫는 사람은 잔검도 무명도 비설도 아니고, 바로 영화에 나온 진시황이지. 진시황의 깨침을 한 번 들어 볼래?

"검술의 제1의 경지는 인간과 검이 하나가 되는 것으로 검이 곧 사람이요. 사람이 곧 검이니, 그러면 물속의 풀조차 무기가 될 수 있다.

검술의 제2의 경지는 손 대신 마음으로 검을 잡는 것이다. 그렇게 되면 백 보 밖에 있는 적이라도 맨 손으로 제압할 수 있다.

그러나 검술의 최고 경지는 손으로도 마음으로도 검을 잡지 않고, 모든 것을 포용하는 큰 마음이다. 그 최고 경지는 살생이 없는 평화이다."

뭉술 검을 제일 많이 잡은 인간이, 진시황 그 자신이잖아? 살생도 그렇고!

그걸 알고 있는 장예모이기에 멋진 장면을 만들어서 그것을 보이지 않게 한 거지~, 진시황이 아니 장예모가! 진시황이 자신의 검을 그를 죽이러 온 무명에게 건네주며, "죽이든 살리든 무명 네 자신의 판단대로 하라"고 말하는 게 그거야. 진시황으로 하여금 멋진 행위를 하게 해 진시황을 피투성이 죄업에서 구출하려 했던 거지.

뭉술 형가의 칼날을 피하려고 혼이 빠진 채 도망 다닌 진시황은 〈영웅〉에는 없겠네?

캐순 당근이지! 자기 창을 무명에게 건네주면서 진시황이 하는 말은 또 얼마나 가슴을 뭉클하게 하는데. 들어 볼래?

"아무런 무기도 없이 짐을 어떻게 죽일 작정인가?"

"당신의 검을 빼앗아 죽이겠소."

"10년간 수많은 전투에서 짐을 지켜준 검이다. 한 사람(잔검)이라도 짐을 이해해 줬으니 죽어도 여한이 없다. 어디, 천하를 위한 결정을 내려보아라!"

범식 "잔검이라는 대협大俠을 지기知己로 갖게 되었으니, 이제 죽어도 여한이 없다"는 거지.

뭉술 오홋, 대장부인데?

영화 〈영웅〉에 나타난 진시황이, 플라톤이 꿈꾸었던 '철인왕' 같다는 느낌이 들지 않나요?

뭉술 '철인왕'이 누군데요?

야옹샘 지혜를 철두철미 깨친 자가 왕이 되는 것인데, 그는 돈·명예·목숨에 전혀 예속되지 않는 인물이죠. 동양에선 내성외왕內聖外王* 이라 하죠.

범식 조선의 정조대왕 같은 사람이라고 할 수 있을까요?

야옹샘 정조대왕이 꿈꾸었던 군사君師와 같은 의미라고도 할 수 있겠네요. 임금이면서 스승이기도 한 거죠.

뭉술 진시황! 사마천의 형가 앞에선, 죽을까봐 자기 신하들에게 명령 한마디 못 내리고 내빼는 데 온통 정신이 팔려 있더니만!

캐순 장예모! 왜 그렇게 진시황을 위대한 인간으로 표현했을까?

범식 현재의 중국을 형성시켜 준 사람이 진시황이라는 거겠지.

뭉술 단지 그것을 기념하기 위해서?

* 먼저 인격적으로 최고의 경지에 도달하고, 이 인격을 바탕으로 하여 이상사회를 건설하는 사람이 된다는 뜻이다. 유가와 도가가 추구했던 궁극적인 푯대가 바로 내성외왕이다.

캐순　지금 진시황 같은 사람을 전폭적으로 지지하는 게 역사를 깨달은 사람이라는 소릴 하고 싶은 거가 아닐까?

범식　맞아. 무명의 입을 통해 잔검의 말이라며, "한 사람의 고통은 온 천하의 고통에 비하면 아무것도 아니다. 조나라와 진나라의 원한도 천하라는 대의大義 아래선 사소하다"라고 했어.

뭉술　역사적으로 진시황이, 아니 지금 진시황 같은 인물이 천하에 평화를 가져다 줄 수 있는 걸까?

캐순　장예모도 그게 조금은 미심쩍었는지, 형가로 하여금 "이건 제 결정입니다. 전하는 살아남을 것입니다. [전쟁 통에] 죽어간 자들을 위해서 최고의 경지를 잃지 않길 바랍니다"라는 마지막 말을 남기고 떠나가게 했지.

뭉술　그럼 형가라고도 할 수 있는 무명이 죽지 않는단 말이야?

장예모가 누군데, 진시황을 그 정도밖에 안 되는 인간으로 만들겠어.

뭉술　그런 무명을 죽이면 진시황이 더 쪼잔한 인간이 되는 것 아니니?

캐순　장예모를 너무 우습게보지 마. 형가를 죽이되 기가 막힌 방법으로 죽이지.

범식　지금껏 '시키면 뭉퉁이'로 있을 뿐, 존재감조차 느껴지지 않던 '뭇 신하들'이 마지막에 단합된 목소리를 가지고 진시황에게 건의를 하지.

"저 자를 죽일까요, 처형할까요?"

"……."

"전하를 죽이려 한 자는 죽여 마땅합니다."

"……."

"전하가 만든 법이 아닙니까!"

"……."

"천하를 얻으려면 법이 지켜져야 합니다."

"……."

"세상 사람들에게 모범을 보이십시오."

"……."

"죽이십시오."

뭉술 그래서, 진시황의 결론은?

캐순 결국 진시황은 백성들의 뜻과 법의 지엄함을 위해, 사적인 감정을 누르고, 이 세상에서 진시황 자신을 알아주었던 단 두 명 중 하나인 무명을 죽이라고 명령하지.

 그게 진시황이라고?

캐순 장예모에 의하면!

야옹샘 장예모가 그 영화를 통해 추구하려 했던 것은 단지 진시황의 복권만은 아니라고 샘은 생각해요. 그 영화를 통해, 형가와 진시황의 화해를 추진했을 뿐만 아니라, 유가·도가·법가를 화합시키려 했던 것 같아요.

  ……(과묵한 친구들)

캐순 형가 즉 무명과 진시황의 화해는 이해되지만, 유가·도가·법가의 화합은…… 글쎄요?

야옹샘 법을 지키기 위해 진시황이, 자기를 살려준 사람이지만 똥 씹은 표정을 하며 무명을 죽이죠? 그러니 진시황은 법가의 대표자인 거죠. 자기를 알아준 사람임에도 법을 지키기 위해 죽이니까요. 실제로 진시황은 법가 정신에 따라 나라를 다스렸기도 하고요.

뭉술 그럴듯한데요. 그러면 유가나 도가는요?

야옹샘 잔검이 깨닫고 품은 게 뭘까요? 그가 써 보인 게 뭐였죠?

 천하요!

야옹샘 천하는 유가 특히 맹자의 핵심이죠. 맹자는 만나는 왕들에게 늘 패자覇者(무력으로 패권자가 되어 세상을 다스리는 자)가 되지 말고, 왕천하王天下(덕의 정치와 제도로 세상 사람들의 지지를 받아 세상을 다스림) 하라는 소리를 했어요. 잔검의 잔'殘'은 잔인하다는 뜻도 되지만, 잔파殘破하다 즉 없앤다는 뜻도 돼요. 항우가 아방궁을 불질러 없앴을 때 이 낱말을 썼죠. 장예모도 틀림없이, '잔인한 창으로 잔인한 창을 없앤다'는

의미로 잔파할 잔'殘'자를 써서 잔검이란 이름을 붙여주었을 거예요. 다시 말해 '잔검' 이름엔 전쟁이 종식되어야 한다는 바람이 들어 있다는 거죠.

 느낌은 오는데 어렵다.

범식 무명無名은 도가道家인가요?

야옹샘 그렇겠죠! 노자《도덕경》의 유명한 말 "이것이 도道다 하면 그 도는 떳떳한 도가 아니고, 무엇에 이름을 붙이면 그 이름은 떳떳한 이름이 아니다"* 는 문장 뒤에 무명無名이라는 말이 나와요. "무명은 천지의 시작이고[無名天地之始], 유명은 만물의 어머니이다[有名萬物之母]."†

뭉술 무명의 깨침 때문에 지금의 중국이 시작될 수 있었다는 건가? 진시황을 죽이지 않아서? 그게 장예모가 하고 싶었던 소린가~

캐순 그럼, 장천長天은요?

야옹샘 장천이란 말의 뜻은 '넓고 넓은 하늘'이니까, 공자를 뜻한 게 아닐까요? 자객 중 장천만 마지막까지 살아남는 것도

* 《도덕경》1장, "道可道 非常道 名可名 非常名."

† 우주가 처음 시작되었을 땐 이것은 무엇이다 하는 이름이 없었고, 이름이 붙여지는 것을 통해 비로소 각각의 사물로 존재하게 되었다는 뜻이다. 김춘수의 시 '꽃'은 이런 사상을 형상화한 것이다.

의미심장한 장치란 생각이 들고요.

캐순　자객 중에서 마지막까지 진시황을 죽여야 한다고 했던 비설飛雪은 그러면 어디에 들어가죠?

야옹샘　비설, 즉 '흩날리는 눈발'은 얼마나 아름다운가요? 과장하면, 그 순간 속에서 영원을 볼 수 있다고도 할 수 있죠. 하지만 그 순간은 짧고, 이내 이 땅을 진흙탕으로 만들죠.

범식　진시황을 죽이는 건 그 순간 위대하지만, 곧바로 이 세상을 지옥으로 만든다는 소리인가요?

야옹샘　장예모는 그렇게 생각했겠죠? 재미있는 게 하나 더 있어요. 잔검과 비설이 한 몸이 되어 하나의 칼에 죽어가는 장면이에요. 두 사람의 이름을 합하면 어떻게 되죠?

뭉술　잔검비설이죠?

야옹샘　그것을 두 글자로 줄이면?

……(침묵)

범식　잔설殘雪이라고 해야 하나.

야옹샘　잔설은 봄이 올 때까지 녹지 않고 있다가 순수가 무엇인가를 이 세상에 알려주죠. 잔검과 비설 즉 잔설이 마지막 때 입었던 옷이 어땠죠.

캐순　눈부시게 흰빛이었어요. 사막 산꼭대기에 흰 눈으로 있었죠.

야옹샘　비설이 대표하는 순수, 잔검이 대표하는 역사성이 모여 하나가 될 때 이 세상은 눈부시게 빛난다는 소리를 하고 싶었던 게 아닐까요?

뭉술 그런 뜻을 장예모가 생각하고 있었단 말이에요?

야옹샘 아마도.

캐순 〈영웅〉 영화를 보는 내내 색채의 강렬함이 정말 엄청났는데, 장예모가 색체에만 뛰어난 게 아니었네.

범식 하여튼 영화를 보며 장예모가 색채감이 뛰어나기는 정말 뛰어나다는 생각이 들었어!

뭉술 그의 특기가 아닌가.

 영화관에서 봤으면 정말이지 압도당했을 거야!

캐순 화면 전체를 온통 한 색으로 칠해버리는 강렬함이 관객을 숨도 쉬지 못하게 압박했을 거야.

야옹샘 그런 걸 독일의 철학자 칸트는 '숭고미'라고 하지요. 현실적으로는 내 목숨을 어찌하지 않지만 심리적으로는 내가 그 앞에서 속수무책이 되도록 위압해 오는 대상을 만났을 때 느끼는 감정 말이에요.

 그런 것을 느끼게 한 장예모란 사람 대단하다.

야옹샘 맞아요. 하지만 숭고미엔 정말이지 조심해야 할 게 있어요. 전혀 숭고하지 않은 건데, 숭고하다고 여겨 악마 짓을 하는 게 그거예요. 중국의 이른바 문화혁명 때 모택동을 숭배하

며 너무도 무자비했던 청소년들의 모습이 그 좋은 예라고 할 수 있죠.

캐순 진시황 찬양 영화에서 숭고미를 느낀다는 게 나는 찜찜해. 장예모가 그런 사람인가?

범식 이 영화가 그것을 드러냈을지 모르지만, 나는 장예모가 진짜로 진시황을 숭배해서 그런 식으로 화면을 색칠했다고 생각하진 않아. 〈영웅〉보다는 덜 하지만, 〈붉은 수수밭〉이나 〈국두〉 같은 영화에서도 화면을 한 색으로 칠해서 강렬한 느낌을 주었잖아?

뭉술 그 영화는 밑바닥 사람들을 그린 영화인데도, 숭고미 비슷한 걸 느낄 수 있기는 했지.

범식 숭고미가 장예모의 밑바닥에 깔린 미학인데, 〈영웅〉에서 조금 더 도드라졌을 뿐이라고 봐야 하는 게 아닐까?

캐순 그 뒤에 만든 영화들을 보면 알겠지. 그건 그렇고, 잔검이 유가의 대표라면 맹자의 사상을 대변했다고 할 수 있는데, 맹자는 과연 그런 장예모에게 박수를 쳐줬을까?

뭉술 샘, 샘이 좀 더 말씀해 주세요!

야옹샘 맹자는 '왕천하'를 오매불망 바랐지만, 인의仁義로써 해야지 검劍으로 중국을 통일하면 금방 다시 무너진다고 보았어요. 맹자의 말을 들어보죠.

패권을 추구하는 지금의 정치와 풍속을 바꾸지 않고 그대로 따르는 사람에게 비록 천하를 주더라도 그는 하루도 그것을 유지하지 못할 것이다.*

물술 딱 진나라의 모습인데?

범식 한 세대 30년도 못 견디고 무너졌으니까, 맞는 소리지.

물술 맞는 소리가 아니고 예언이네!

캐순 무너뜨린 주체가 더 문제야. 진나라는, 진승·오광으로 대표되는 농민 봉기군과 유방으로 대표되는 건달에게 망했거든!

물술 진시황은 장예모의 바람을 충족시켜 줄 수 있는 사람이 아닌데, 장예모는 어쩌자고 진시황을 그렇게 표현해 놓았을까?

캐순 무명이 마지막에 한 말, "[전쟁 통에] 죽어간 자들을 위해서 최고의 경지를 잃지 않길 바랍니다"는 장예모가 지금의 중국 당국자들에게 하는 소리가 아닐까? 국민당과의 내전, 일본과의 항일전, 문화혁명 때의 개죽음을 헛되이 하지 말고, 천하의 평화를 이루라. 이게 중국 사상의 근본 바탕인

* 《맹자》〈고자·하〉 9장, "由今之道, 無變今之俗, 雖與之天下, 不能一朝居也."

무명의 소리라는 말을 하고 싶었던 것 같아.

범식 장천이, 사랑하는 애인 비설과 갈라서면서까지 지키려고 했던 거 역시 그거였어.

뭉술 장예모, 사마천, 무명, 장천, 형가 다 멋진 사람들이다.

범식 형가는 죽었지만, 사마천의 '형가 이야기'는 아직 안 끝났습니다~

뭉술 형가는 죽고, 죽인 사람은 상을 받고. 다 끝났잖아?

형가 친구 고점리가 지금껏 제대로 등장한 적이 없잖아~

캐순 고점리의 등장이라~ 뭔가 벌어질 것 같은데?

07

뜻을 세웠으니 어찌 그 뜻을 저버릴 수 있으랴

끝날 때까지는 끝나지 않았다 — 숨어 사는 떠돌이 악사 고점리

한편 진나라가 태자 단과 형가 일당을 찾으므로 그들은 모두 숨었다. 고점리는 성과 이름을 바꾸고 송자宋子라는 곳에서 술집의 하인이 되어 몸을 숨겼다. 오랫동안 그런 생활을 하자니 고점리는 괴로웠다.

캐순　이제 태자 단, 그리고 형가와 관련 있는 사람들이 당할 차렌가?

진시황이 그들을 가만둘 리 없지.

캐순　고점리가 이름과 성은 바꿨어도, 술집에 붙어 지내는 것은 바꾸지 않았는데?

뭉술　그래야 술이라도 먹을 수 있으니까!

캐순 술집에 있으면 너무 위험하지 않나?

범식 오히려, 사람이 많은 시장에 숨는다는 말도 있잖아.

고점리한테 제일 괴로웠던 건 뭘까?

뭉술 술집 하인이니, 밤낮 시중들어야 하는 게 괴로웠겠지.

범식 그건 괴롭다기보단 고통스런 일이 아닐까? 종노릇을 하는 것은 우선 몸이 고통스런 일일 테니까.

캐순 성과 이름조차 숨기고 살아야 한다는 게 무척 자존심 상하지 않았을까?

뭉술 고점리 같은 자유인이 성과 이름에 의미 부여를 했겠어?

고점리는 주인집 대청마루에서 손님이 축을 타는 소리를 듣기도 했는데, 그 주변을 서성거리며 떠날 줄을 몰라 했다. 그럴 때마다 그는 중얼거렸다.

"저 사람은 잘 탈 때도 있지만, 그렇지 못할 때도 있어."

캐순 맞아. '축'도 탈 수 없었겠구나.

그게 제일 괴로웠겠지!

뭉술 하인은 축을 타면 안 된다는 법이라도 있나?

캐순 축을 타는 하인도 있겠지만, 문제는 너무 잘 타면 안 되잖아?

물술 왜?

왜냐니? 소문이 나면 안 되니까 그렇지!

뭉술 참, 그렇지. 쫓기는 신세니까. 그래도, 축 타는 소리를 들을 수 있다는 게 어디야!

캐순 고문이지 않을까? 손님이 축을 잘 타면 잘 타는 대로 고점리의 손도 움직여질 테고, 못 타면 못 타는 대로 그의 귀가 괴롭고 그가 대신 타고 싶겠지.

그 집 하인이 주인에게 고점리에 대해 말했다.

"저 머슴은 소리를 잘 아나 봅니다. 혼잣말로 늘 잘 하네 못 하네 하며 중얼거렸습니다."

그러자 집 주인이 고점리를 불러 자기 앞에서 축을 타보라고 했다.

뭉술 혼잣말로 늘 품평을 하더니만 결국 들통났네!

캐순 고점리가 제대로 실력 발휘를 할까?

범식 오랜만에 타는 거지만, 그 실력이 어디로 갔겠어?

뭉술 적당히 타겠지!

캐순 몸을 숨겨야 하니까?

안 타면 안 탔지, 대충할 것 같지는 않은데, 나는. 고점리가 형가의 벗이니, 그도 자존심 있는 사람일 거 아냐?

그 자리에 앉아 있던 사람들은 한결같이 고점리의 축 타는 솜씨를 칭찬하며 술을 내렸다. 고점리는 생각에 잠겼다. 오랫동안 숨어 지내며 두려움과 가난을 견딘들 소용없겠다는 생각이 들었다. 이에 그 자리에서 물러났다. 자기 짐짝에 숨겨두었던 축과 좋은 옷을 꺼내, 새 차림새를 하고 사람들 앞에 나타났다.

물술　결국 축을 타며 사는 삶을 선택했어.

범식　축을 안 타고 오래 사는 것보다, 축을 타며 위험한 삶을 사는 것을 감수하기로 한 거지.

캐순　진정 축을 즐기는 사람이라면 누구나 그렇게 하지 않을까?

물술　목숨보다 더 중요한 것이 없다고 생각하는 사람만 빼고.

캐순　이제 옷을 제대로 갖춰 입고 축을 제대로 타겠다는 건데~

앉아 있던 손님들은 모두 깜짝 놀라 그 자리에서 일어났다. 그러고는 그들의 자리에서 내려와 대등한 예로 고점리를 맞이하고는 그를 상객으로 대접하며, 축을 타고 소리를 하도록 요청했다.

그곳에서 고점리의 소리를 들은 손님들은 누구라 할 것 없이 눈물바람을 하며 돌아갔다. 송자 고장 사람들은 번갈아가며 고점리를 모셨다. 그런 소문이 진시황의 귀에까지 들어갔다.

　고점리가 축을 기가 막히게 탔나 보다.

범식　그러게. 진시황에게까지 축을 잘 탄다는 소문이 들어갔으니까.

캐순　진시황이 그를 부르는 건 시간문제일 텐데!

물술　상관없잖아? 진시황은 고점리의 얼굴을 모르니까. 성도 바꾸고 이름도 바꿨는데 뭐.

캐순 내 말은 그게 아니야. 고점리가 위험한 게 아니라, 진시황이 위험하게 된 거 라는 거지.

뭉술 정말 그러겠다. 흥미 만점인데~

진시황이 그를 불러 만나게 되었는데, 어떤 사람이 그를 알아보고 말했다.

"고점리다!"

뭉술 재수도 옴 붙었구먼. 하필 그를 알아보는 사람이 있을 게 뭐야?

 고점리도 결국 죽게 되었어.

캐순 이 순간 형가를 벗으로 뒀던 걸 고점리가 후회했을까?

진시황은 축을 빼어나게 잘 타는 고점리의 솜씨가 아까워 그에게 씌웠던 중죄를 사면했다.

캐순 진시황도 용서라는 단어를 아나?

뭉술 장예모가 진시황의 뜻과 인품을 높이 친 까닭이 있었다는 생각이 드는데?

범식 참으로 빼어난 예술은, 살육과 전쟁에 찌든 사람에게도 순수한 마음을 일으키나 보지.

대신에 고점리의 눈을 멀게 한 다음 그에게 축을 타게 했다. 그가 축을 탈 때마다 진시황은 그를 칭찬했다. 고점리는 조금씩 조금씩 진시황 가까이에 가게 되었다.

죽이지는 않았다는 것이었구먼! 그러면 그렇지. 진시황이 어떤 자인데!

뭉술 형가 이후에 진시황이 엄청 몸조심하는데?

범식 진시황 자신을 위해 고점리의 목숨을 붙여 놓은 것뿐이었어.

캐순 멀쩡한 자기 눈을 멀게 만든 사람의 귀를 위해 연주해야 하다니!

뭉술 눈을 멀게 하는 대신 귀를 밝게 해서 고점리의 솜씨를 높이려는 갸륵한(?) 뜻에서 진시황이 그랬겠지.

캐순 평화를 위해서 전쟁을 일으키고 살육했다고 말하는 사람들처럼?

두 눈을 잃어도 좋으나, 결코 저버릴 수 없는 일

고점리는 납덩이를 축 속에 넣었다. 고점리는 또다시 진시황 앞으로 더 나아갈 수 있었다. 아주 가까이에 이르렀다. 축을 들어 진시황을 향해 내리쳤다. 맞지 않았다. 진시황은 고점리를 죽였다. 그러고는 죽을 때까지 제후들의 나라에서 온 사람을 만나지 않았다.

캐순　고점리가 장량의 선배였구나!

뭉술　무슨 소리야?

범식　장량이 사람을 시켜 진시황이 탄 마차에 큰 쇳덩이를 던지게 했잖아~.

뭉술　못 맞췄겠지?

맞추긴 했어. 하지만 진시황은 어디를 가든, 자기가 타는 것과 똑같은 마차를 몇 대 더 대열에 합류시켰지. 그 때문에 장량은 진시황이 탄 마차가 어떤 것인지 정확히 알 수 없었어. 운에 맡기고, 그 중 하나에 쇳덩이를 던질 수밖에 없었지. 운은 그를 외면했어. 진시황이 탄 마차와 똑 같았지만, 안은 텅 비어있는 빈 마차를 부셔놓고 만 거지.

캐순　고점리 일 때문에 진시황이 그런 꾀를 냈겠지?

뭉술　형가와 고점리 일 때문이었겠지.

범식　그나저나 진나라 사람이 아니면 함께 자리하지도 못하는 진시황도 불쌍하다.

뭉술　장예모는 '영웅은 원래 외로운 거'라고 할 거야.

범식　공자는 "어진 사람에게는 반드시 이웃이 있다"*라고 했는데!

* 《논어》〈이인〉 25장, "子曰, "德不孤, 必有鄰.

노구천은 형가가 진나라 왕을 찔러 죽이려다 실패했다는 소리를 듣고는 혼자 중얼거렸다.

"아, 아쉽게도 그는 칼 쓰는 것을 익히지 못했구나! 심하구나, 사람 보는 눈이 없는 내 꼴이라니! 내가 그를 꾸짖었던 그때, 그는 나를 사람 같지 않은 놈으로 여겼겠구나."

뭉술　노구천이 누구였더라?

범식　형가와 장기 두었던 사람! 장기 말판의 길을 가지고 둘이 다투다가, 형가를 크게 나무랐던 사람 있잖아?

캐순　이 사람도 형가의 실패를 아쉬워하는데?

그런데 이 부분은《전국책》에 없어요.

범식　그럼 사마천은 왜 굳이 노구천이 후회하는 장면을 형가 이야기에 실었을까?

캐순　그게 일반 사람들의 뜻이라는 걸 알리고 싶어서 그런 거 아닐까?

뭉술　사마천은 역사가이지만 문학적 능력이 워낙 빼어난 사람이니까, 그럴 수도 있겠네!

태사공은 말한다.

"형가에 관한 이야기가 회자되는데, 그 중에 태자 단이 운명하자 '하늘이 곡식을 비처럼 쏟았고 말에게서 뿔이 돋아났다[天雨粟 馬生角]'는 말이 있다. 그런데 이건 너무 심한 말이다. 또한 형가가 진나라 왕에게 상처를 입혔다는 소리도 있는데, 이는 틀린 소리다.

당시에 공손계공이라는 사람과 동중서는 탕약 그릇을 던져 진시황을 구한 하무저와 교유하고 있었으므로 이 일에 대해 잘 알고 있었다. 앞에서 내가 밝힌 바는 그 두 사람이 나에게 알려준 대로이다."

뭉술 형가에 대한 다른 소문이 많았나 보지?

범식 그래서 사마천이 자기가 쓴 이야기의 출처를 밝혔잖아. 동중서와 공손계공이 사마천에게 들려준 거라고.

야옹샘 그 두 사람은 하무저에게서 들었고요.

뭉술 형가에게 약단지를 던졌던 그 하무저 말인가요?

야옹샘 그렇죠.

사마천이 진시황과 그렇게 가까운 시대에 살았구나!

뜻을 분명히 세우고, 그 뜻을 결코 저버리지 않은 사람

"조말부터 형가에 이르기까지 다섯 자객을 소개했는데, 의협심을 낸 이분들 중 어떤 분은 성공하고 어떤 분은 성공하지 못했다. 그러나 그들이 뜻을 분명히 세우고, 그 뜻을 저버리지도 않았으니, 이분들의 이름을 후세에 전하는 것이 어찌 망령되었다고 하겠는가!"

물술 조말부터 형가에 이르는 다섯 사람은 누구를 가리키죠?

야옹샘 사마천이 《사기》 〈자객열전〉에 실은 노나라 조말曹沫·오나라 전제專諸·진晋나라 예양豫讓·진晋나라 섭정聶政, 그리고 연나라 형가가 그들이에요. 우리는 그 중에 형가를 보았죠. 방금 전에 읽은 사마천의 글은 그러면 자객을 대하는 사마천의 역사관이라고 할 수 있겠네요.

야옹샘 그렇죠.

뭉술 자객의 행적을《사기》라는 역사책에 실은 이유가 뭉클한데? 이들의 이름이 후세에도 사라지지 않기를 바라는 마음, 그게 역사가의 마음이어야 한다는 거겠지?

캐순 위대한 뜻을 가지고 살았던 사람들을 영원히 살아 있게 하는 것, 그게 바로 인문이겠지?!

뭉술 그게 사마천이 궁형을 감수하면서까지《사기》를 지었던 뜻이고.

'형가' 원문

1

형가荊軻는 위衛나라 사람이다. 하지만 그의 선조는 제나라 사람이었다. 형가는 위나라로 가 살았는데, 위나라 사람들은 그를 경 선생님[慶卿]이라 불렀다. 또 형가가 연나라로 가 살았을 땐 연나라 사람들이 그를 형 선생님[荊卿]이라 불렀다.

형가는 책읽기와 검술을 좋아했다.

그는 위衛나라의 군주인 원군元君을 찾아갔다. 그의 솜씨를 보이며 발탁되기를 바랐으나 위衛나라 군주는 그를 쓰지 않았다. 얼마 뒤 진시황이 위나라를 쳐서 그곳에 동군東郡을 설치하고, 위나라 군주를 야왕이라는 곳으로 옮기는 일이 발생했다.

유랑 중에 형가가 조나라 유차란 곳을 지난 적이 있다. 거기에서 형가는 개섭과 검술에 대해 토론을 했는데, 개섭이 성을 벌컥 내며 형가를 노려보았다. 형가는 밖으로 나왔다. 어떤 사람이 형가를 다시 불러오려고 하자 개섭이 말했다.

"좀 전에 내가 그와 검술에 대해 토론했습니다. 그가 얼토당토 않는 소리를 하길래 내가 노려보았지요. 가보시면 알겠지만, 그놈은 분명히 내뺐을 겁니다. 감히 이 고장에 머물러 있지 못하겠지요."

사람을 시켜 형가가 머물던 집에 가보게 했다. 형가는 벌써 수레를 몰고 유차를 떠나, 그곳에 없었다. 심부름꾼이 돌아와 이 사실을 알리자 개섭이 말했다. "떠났죠? 내가 일전에 눈을 부릅떠서 그의 야코를 죽여놨다니까요."

형가는 조나라 수도 한단으로 흘러들어 왔다. 거기에서 노구천과 장기를 두다가, 말 놓는 길을 두고 다툼이 생겼다. 노구천이 성을 버럭 내며 형가를 꾸짖었다. 형가는 찍소리 않고 물러나 사라졌다. 그 뒤로 다시는 그와 만나지 않았다.

형가는 연나라로 갔다. 그곳에서 연나라의 개백정, 그리고 축筑이라는 악기를 잘 타는 고점리와 서로 아끼는 사이가 되었다. 형가는 술을 좋아해서 허구헌날 시장통에서 개백정과 고점리랑 함께 술을 마셨다. 술이 얼큰해지면 시장 바닥에서 고점리는 축을 타고 형가는 그에 맞춰 노래를 부르며 서로 즐거워했다. 끝판엔 서로 붙들고 울어대는데, 마치 옆에 사람이 하나도 없는 듯[傍若無人]이 했다.

형가는 비록 술꾼들 사이를 전전했지만, 그의 됨됨이는 오히려 침착하고 속이 깊었으며 책읽기를 좋아했다. 그는 이 나라 저 나라 떠돌면서 그때마다 그 나라의 현인이나 호걸, 장자長者들과 사귀었다. 연나라에 왔을 땐 연나라의 숨은 선비인 전광田光 선생이 그를 잘 대해줬다. 형가가 보통 사람이 아니란 걸 알았기 때문이다.

2

형가가 연나라에 머문 뒤 얼마쯤 지난 어느 날이었다. 연나라 태자 단이 진나라에 인질로 잡혀 있다가 연나라로 도망 온 사건이 일어났다.

한편 연나라 태자 단은 진나라에서 인질로 있기 전에, 조나라에서 인질로 지냈던 적이 있었다. 진나라의 왕 정은 조나라에서 태어났는데, 어릴 적에 연나라 태자 단과 사이좋게 지냈다. 정이 진나라 왕에 오른 뒤, 단이 진나라에 인질로 가게 되었다. 그런데 진나라 왕은 연나라 태자 단을 좋게 대하지 않았다. 그래서 단은 진나라 왕을 원망하며 몰래 귀국해 버렸다.

귀국한 뒤, 그는 진나라 왕에게 복수할 방법을 찾았다. 그러나 연나라가 약소국인지라 어찌할 힘이 없었다.

그 뒤, 진나라는 날마다 군대를 산동 지방 쪽으로 파견하여 제나라, 초나라 그리고 삼진 즉 한·위·조나라를 쳐 그 나라의 영토를 잠식해 들어갔다. 마침내 진나라 군대는 연나라 국경에까지 이르게 되었다. 연나라 왕과 신하들은 모두 화가 연나라에 미칠 것 같아 공포에 휩싸였다.

태자 단 역시 근심을 떨칠 수 없어 그의 스승인 국무에게 "어찌해야 하겠습니까?"라고 물었다.

스승인 국무가 대답했다.

"진나라 땅은 온 천하에 펼쳐져 있고, 그 위세는 한韓나라, 위魏나라,

조趙나라를 늘 위협하고 있습니다. 북쪽으로는 감천산, 곡구와 같은 험한 지대의 보호를 받고, 남쪽으로는 경수, 위수의 물이 만들어내는 옥토가 있으니, 파巴와 한중漢中의 풍요로운 땅을 독점하고 있습니다. 또한 오른쪽으로는 농, 촉과 같은 험준한 산악이 보호하고, 왼쪽으론 함곡관과 효산 같은 험준한 산줄기가 놓여 있습니다. 뿐만 아니라 백성들의 수는 엄청나고 병사들은 군율이 잘 잡혀 있으며, 무기 또한 넉넉합니다. 진나라가 우리나라로 쳐들어 올 뜻을 가지면, 북쪽 국경을 떠맡고 있는 긴 성[長城]과 남쪽 국경에 놓여 있는 역수易水의 북쪽 그러니까 우리나라 전체가 어찌될지를 알 수 없습니다. 이런 판국인데, 태자께서 능멸을 당했다는 까닭으로 원한을 품어 진나라 왕의 화를 돋우려 하십니까!"

단이 말했다.

"그러면 어찌하면 좋겠습니까?"

국무가 대답했다.

"시간을 주시면 수를 생각해보겠습니다."

얼마 뒤에 진나라 장군 번오기樊於期가 진나라 왕에게 죄를 지어 연나라로 도망해 왔다.

태자는 번오기를 받아들여 연나라에서 살게 했다.

국무가 간쟁諫爭했다.

"안 됩니다. 저 진나라 왕의 흉포함만으로도 연나라에 분노를 쌓아두고 있다는 사실에 심장이 차가워지는데, 거기에다 번오기 장군이 이곳에 있다는 사실이 알려지는 날엔 어찌 되겠습니까? 이런 것을 두고 "굶주린 호랑이가 다니는 길목에 고깃덩이를 던져놓는다"고 하는 것입니다. 화를 면할 수 없습니다. 비록 명재상인 관중과 안영이 있다 하더라도, 벗어날 길을 찾지 못할 것입니다.

태자께서는 하루 빨리 번오기 장군을 흉노로 보내 진나라에게 트집 잡힐 일을 없애기 바랍니다. 그러곤 서쪽으로 한나라·위나라·조나라와 맹약을 맺고, 남쪽으로 제나라·초나라와 연합하고 북쪽으로 흉노의 왕 선우와 친교를 맺으십시오. 이렇게 하면 그런대로 해볼 만합니다."

태자가 말했다.

"스승님의 계책은 너무도 많은 시간이 걸립니다. 제 마음은 지금 혼란과 공포로 한 순간도 견딜 수 없습니다. 그뿐만 아닙니다. 번 장군이 천하에 몸 둘 곳이 없어 저에게 몸을 맡겼는데, 아무리 강대한 진나라의 핍박이 두렵기로서니 불쌍하게 된 친구를 버리고 그를 흉노로 보낼 수는 없는 게 아닙니까! 이런 일은 제 목숨이 끝나는 때에나 있을 것입니다. 스승님께서는 다른 계책을 생각해 보시기 바랍니다."

국무가 대답했다.

"위태로운 일을 하고서도 안전함을 찾고, 화를 짓고서도 복을 구한다면, 그걸 가능케 하는 계책은 얕고 원망은 깊어지게 됩니다. 사람 한 명과 새로 친구를 맺느라 국가가 처할 크나큰 해로움을 돌보지 않으니, 이것은 "원한을 늘리고 화를 북돋는" 격입니다. 기러기 터럭을 화롯불 위에 놓으면 어찌 되겠습니까? 일거리라 여겨지지도 않는 사이에 기러기 터럭은 사라질 겁니다. 독수리나 매처럼 사나운 진나라가 원한으로 가득 차서 포악하게 노여움을 터뜨린다면, 무슨 말을 할 수 있겠습니까? 우리 연나라에 전광 선생이 있는데, 깊은 지혜와 침착한 용기를 갖춘 분이지요. 이분이라면 함께 꾀할 만하실 겁니다."

태자가 말했다.

"전광 선생과 사귈 수 있도록 스승님께서 다리를 놓아주시면 좋겠는데, 그래 주실 수 있겠습니까?"

국무가 말했다.

"삼가 받들겠습니다."

국무는 밖으로 나가서 전광 선생을 뵙고 말했다.

"태자께서 선생과 나랏일을 도모하고자 하십니다."

전광이 말했다.

"삼가 가르침을 받들겠습니다."

그러곤 전광이 태자를 만나러 갔다.

태자는 문 밖에까지 나와 전광을 맞이하고, 뒷걸음치며 그를 안내했다. 무릎을 꿇고 전광이 앉을 자리의 먼지를 털어냈다. 전광이 자리에 앉자, 태자는 좌우에 아무도 없게 했다. 태자는 자기 자리에서 벗어나서 청했다.

"연나라와 진나라는 양립할 수 없다는 점을 선생께서는 유의해 주시기 바랍니다."

전광이 말했다.

"천리마가 하루에 천리를 질주하는 것도 한창 때 그런 것입니다. 그런 말도 노쇠해지면 별 볼 일 없는 말조차도 앞지르지 못한다고 들었습니다. 지금 태자께서는 제 젊은 시절에 대해선 들으셨지만, 저의 정력과 기운이 다 고갈되었다는 것에 대해선 생각지 않으십니다. 비록 제가 감히 나랏일을 도모할 수 없지만, 이 일을 잘 할 수 있는 사람을 알고 있습니다. 형경을 부릴 만하실 것입니다."

태자가 말했다.

"형경과 사귈 수 있도록 선생께서 다리를 놔주시면 좋겠는데, 그래 주실 수 있습니까?"

전광이 말했다.

"삼가 받들겠습니다."

그러곤 즉시 일어나 재빠른 걸음으로 물러나왔다. 태자가 대문까지 배웅하면서 경계의 말을 했다.

"제가 보복하려고 하는 것이나 선생께서 말한 것은 나라의 큰일이니, 선생께선 누설하지 않으시길 바랍니다."

전광은 고개를 숙인 채 웃으면서 말했다.

"알겠습니다."

3

전광은 꾸부정히 가서 형가를 만나 말했다.

"제가 당신과 친하게 지낸다는 것은 연나라 사람이면 다 알지요. 지금 태자께서 제 젊은 시절에 대해선 들으셨지만, 제 몸이 이미 늙어버린 것은 모르시고 행운을 저에게 베풀어 국가의 일을 가르치시며 "연나라와 진나라는 양립할 수 없다는 점을 선생께서는 유의해 주시기 바랍니다" 하고 말씀하셨습니다. 부족하지만 저는 그 일이 나와 무관하다고 여기지 않아 당신을 태자께 추천했습니다. 당신이 궁전으로 태자를 찾아가 뵙기를 바랍니다."

형가가 말했다.

"삼가 가르침을 받겠습니다."

전광이 말했다.

"저는 '어른이 일을 할 때는 다른 사람에게 의심을 품게 하지 않는다'고 들었습니다. 그런데 이번에 태자께서 저에게 "우리 두 사람이 나눈 말은 나라의 크나큰 일이니, 선생께서 누설하지 않길 바랍니다"라고 말씀하셨습니다. 이것은 태자가 저를 의심한다는 소리이지요. 어떤 일을 하면서 다른 사람의 의심을 받는다면, 그것은 절의 있는 협객이라 할 수 없겠지요."

전광은 스스로 죽어서 형가를 격동激動시켜야겠다고 마음먹고 말했다.

"당신께선 빨리 태자에게 가 전광이 이미 죽었다고 아뢰고, 더 이상 새나갈 말이 없다고 밝혀주시기 바랍니다."

그러곤 스스로 목을 찔러 죽었다.

형가는 곧 태자를 뵙고 전광이 이미 죽었다는 것을 알리고 전광의 말을 전했다. 태자는 두 번 절하고 무릎을 꿇더니만 무릎걸음으로 나아와 눈물을 흘리며 한참 있다가 말했다.

"제가 전광 선생에게 누설하지 말라고 경계를 시킨 것은 큰일을 이루려는 생각에서였는데, 전광 선생께서 죽음으로 말이 새나갈 수 없음을 밝히셨으니, 이게 어찌 저의 뜻이었겠습니까!"

형가가 자리에 앉자, 태자는 자기 자리에서 벗어나 머리를 땅에 박고 말했다.

"전광 선생께서는 못난 저를 생각지 않으시고, 저로 하여금 형경 앞에 이르러 감히 말할 수 있는 기회를 만들어주셨습니다. 이는 하늘이 연나라를 짠하게 여기고 또 불쌍한 저를 버리지 않으려는 뜻이라 생각합니다. 지금 진나라가 품은 탐욕은 결코 만족시킬 수가 없습니다. 천하의 땅을 모두 다 차지하고 천하의 뭇 왕들을 다 신하로 삼지 않고서는 그 욕심이 바닥나지 않을 것입니다. 진나라는 이미 한韓나라 왕을 사로잡고 그 땅을 다 차지했습니다. 또한 군대를 보내 남쪽으로는 초나라를 치고, 북쪽으로는 조나라에 이르렀으니, 진나라 장군 왕전이 수십만 대군을 거느리고 조나라 땅인 장, 업으로 갔습니다. 또한 진나라 장군 이신李信은 조나라의 서쪽 국경선인 태원과 운중으로 출정하였습니다.

조나라는 진나라를 결코 저지하지 못하고 그들의 신하 처지로 전락할 것입니다. 그렇게 되면 화가 연나라에 미칠 것입니다. 연나라는 약소국인데 여러 차례 전쟁에서 패해 곤란을 겪었습니다. 지금 연나라의 국력을 탈탈 털어도 진나라에 대적할 수가 없습니다.

여러 나라의 제후 왕들이 이미 진나라에 복종하여, 감히 합종책으로 진나라에 맞서려 하는 나라도 없습니다.

제 어리석은 생각으로는, 정말로 천하의 뛰어난 용사를 얻을 수만 있다면, 커다란 미끼를 들려서 진나라에 사신으로 파견해 틈을 엿보는 것이 좋지 않겠나 싶습니다. 진나라 왕은 몹시 탐욕스러우니, 그 형세로 보아 틀림없이 우리가 원하는 바를 이룰 수 있을 것입니다.

만약 진나라 왕을 협박하여, 진나라 왕이 그동안 여러 나라 제후들로부터 빼앗은 땅을 다 돌려주게 한다면, 이는 조말 장군이 제나라 환공에게 했던 것과 같을 것이니, 최선일 겁니다. 그렇게 할 수 없다면, 진나라 왕을 찔러 죽여야겠지요. 지금 진나라 장군들은 대군을 이끌고 나라 밖에 있는데, 나라 안에서 변고가 일어나면 틀림없이 [새로 오를] 진나라 왕과 그들 신하 사이에 의심이 생겨나겠지요. 그 틈에 여러 제후들이 합종책을 이루어 진나라에 맞서면 틀림없이 진나라를 격파할 수 있을 것입니다.

이것이 제가 생각하는 최선책입니다. 그런데 이 일을 맡길 만한 사람을 저는 모릅니다. 형경께선 이 점을 유의해 주시기 바랍니다."

한참이 흘렀다. 드디어 형가가 말했다.

"이것은 나라의 운명을 결정하는 큰일입니다. 저는 노둔하고 못난이인지라, 그 일을 감당하지 못할까 두렵습니다."

태자는 형가 앞에서 머리를 땅에 찧으며 말했다.

"제발 사양하지 말아 주시기 바랍니다."

그제서야 형가가 응낙했다.

이에 태자는 형가를 높여 상경上卿으로 삼고, 최고위의 관사에 머물게 했다. 태자는 날마다 형가를 찾아가 문안을 드리고, 나라의 제사상에나 올리는 최고급 요리로 그를 접대했으며, 진귀한 것들을 바치고, 수레와 미녀를 보내 형가의 욕망을 채워주며 그의 환심을 사려고 했다.

시간이 제법 지났는데도 형가는 진나라로 떠날 기미를 보이지 않았다. 진나라 장군 왕전은 조나라를 격파하여 조나라 왕을 사로잡고 그 나라 땅을 몽땅 진나라 땅으로 삼았다.

그러고는 병력을 북쪽으로 진격시키며 땅을 공략해 마침내 연나라 남쪽 국경선에 이르렀다. 태자 단은 두려움과 공포에 사로잡혀 형가에게 말했다. "진나라 병사가 역수를 건너는 것은 하루거리도 안 됩니다. 그런즉 비록 제가 당신을 모시고 싶다 하더라도 어찌 그렇게 할 수 있겠습니까?"

형가가 말했다.

"태자께서 말씀하시지 않았어도 제가 아뢰려던 참이었습니다. 지금 진나라로 가려 해도 신표信標가 될 만한 것이 없으면 진나라 왕에게 접근할 수 없습니다. 번오기 장군은 진나라 왕이 황금 1천 근과 1만 가구의 식읍지를 걸고서 찾고 있는 사람입니다. 번오기 장군의 목과 연나라 독항督亢 지역의 지도를 얻어 진나라 왕에게 바친다면, 진나라 왕은 틀림없이 저를 만나줄 것입니다. 그렇게 되면 제가 태자의 은혜에 보답할 수 있을 것입니다.

태자가 말했다.

"번오기 장군은 궁지에 빠져 그곳을 벗어나려고 저에게 온 사람입니다. 저는 차마 제 자신의 사사로움을 위해서 그분의 뜻을 저버리고 싶지 않습니다, 다른 계책을 생각해 주시기 바랍니다."

형가는 태자가 차마 번오기의 목을 주지 못할 것을 알고 직접 번오기를 찾아가 뵙고 말했다.

"진나라가 장군에게 대했던 것을 생각하면 참으로 심했다고 할 수 있습니다. 부모는 물론 온 집안이 도륙을 당해 몰살되었습니다. 지금 장군의 머리에 황금 1천 근과 1만 가구의 식읍지를 걸었다는 소리를 들었습니다. 장군께선 앞으로 어찌 하시겠습니까?"

번오기는 하늘을 쳐다보고 눈물을 흘리며 크게 한숨을 몰아쉬고는 말했다.

"제가 그 일만 생각하면 고통이 골수에까지 사무치지만, 어떻게 해야 할지 모르겠습니다."

형가가 말했다.

"연나라의 근심을 풀고, 장군의 원수에게 원한을 갚을 수 있는 계책이 있는데 어쩌시겠습니까?"

번오기가 앞으로 몸을 당기며 말했다.

"어떻게 해야 하는데요?"

형가가 말했다.

"장군의 머리를 얻어 진나라 왕에게 바치기를 원합니다. 그러면 진나라 왕은 기뻐서 저를 만나 주겠지요. 그때 제가 왼손으로는 그의 소매를 잡고, 오른손으로는 그의 가슴팍을 찌르겠습니다. 이렇게만 되면 장군의 원한을 갚고, 연나라가 당한 모욕도 씻을 수 있을 것입니다. 장군께서는 어쩌시겠습니까?"

번오기는 한쪽 소매를 찢어 어깨를 드러낸 채 앞으로 나와 말했다.

"이것이야말로 제가 밤낮 이를 갈고 가슴을 태우던 것입니다. 이제야 그 방법을 찾았으니 가르침을 받들겠습니다."

번오기는 마침내 스스로 목을 찔렀다.

태자가 이 소식을 듣고는 말을 달려와 주검 위에 엎드린 채 통곡했다. 더할 수 없이 슬퍼했지만 이미 지난 일이라, 어찌해볼 도리가 없었다. 이에 번오기의 목을 조심스럽게 상자에 담아 봉했다.

이제 태자는 천하에 이름을 얻은 비수를 얻으려 알아보았다. 조나라 사람 서 부인徐夫人이 만든 비수를 황금 1백 근으로 사들인 뒤, 야금장이로 하여금 독약을 묻혀 칼을 담금질하게 했다. 사람에게 시험해 봤더니, 칼에 닿아 피 한 방울만 흘려도 선 자리에서 죽지 않은 자가 없었다. 칼을 잘 포장하여 형가에게 보냈다.

그때 연나라에는 진무양秦舞陽이라는 용사가 있었다. 그는 열세 살에 사람을 죽일 정도였는지라, 사람들은 감히 그의 눈을 쳐다보지도 못했다. 이에 태자는 진무양으로 하여금 형가를 보좌하도록 했다.

4

형가에게는 기다리는 사람이 있었다. 그와 함께 진나라에 가고자 했으나, 사는 곳이 멀어 아직 도착하지 못했는데, 기다리는 사이에 떠날 채비가 다 꾸려졌다. 시간이 조금 흘렀다. 형가는 출발하지 않았다. 태자는 형가가 지체한다고 여겼다.

태자는 혹시 형가가 마음이 바뀌어 후회하는 건 아닌지 의심이 들었다.

이에 태자는 다시 형가에게 청했다.

"하루해가 이미 다 기울었습니다. 형경께 어찌 다른 뜻이 있겠습니까? 진무양을 먼저 보냈으면 합니다."

형가는 발끈하며 태자를 질책했다.

"어찌하여 태자는 그 사람을 보낸단 말입니까? 가서는 돌아오지 못할 자가 그 놈입니다. 비수 한 자루를 들고 가늠도 되지 않는 강대한 진나라에 들어가는 길입니다. 제가 머뭇거리는 까닭은 나와 맞는 협객[吾客]을 기다려 함께 떠나려 해서였습니다.

지금 태자께서 제가 밍기적거린다고 여기시니, 하직하고 바로 떠나겠습니다."

그러곤 드디어 형가가 출발했다.

태자와 이 일을 아는 사람들이 모두 흰 옷에 흰 관을 쓰고서 형가를 전송했다. 역수 강변에 이르러 제사를 지내고 길을 떠나야 할 순간이 되었다. 고점리가 축을 타자 형가가 그에 맞춰 노래를 불렀다. 음조가 구슬픈 변치 조가 되자, 사람들이 모두 눈물을 흘렸다.

형가는 앞서가며 노래를 불렀다.

바람 소리 휘휘하니
역수易水가 차갑구나!
장사將士는 한번 가면
다시 돌아오지 못하리.

곡조가 우성으로 바뀌자 그 소리가 높고 강개慷慨하여 사람들 눈이 모두 부릅떠졌고 머리카락이 솟아 관을 뚫었다. 형가는 수레에 올라타고 떠나갔다. 수평선이 끝나도록 뒤도 돌아보지 않았다.

5

형가는 드디어 진나라에 도착했다. 천금이나 되는 예물을 진나라 왕이 총애하는 신하인 중서자中庶子 몽가夢嘉에게 바쳤다.

몽가는 형가를 위해 진나라 왕에게 먼저 말을 했다.

"연나라 왕은 참으로 대왕의 위엄을 두려워하여 감히 군대를 일으켜 우리 군에 대항할 뜻이 없습니다. 오히려 온 나라를 들어 진나라의 신하가 되고자 합니다. 다른 여러 제후들과 함께 진나라의 군郡이나 현縣처럼 공납을 바쳐, 그들의 조상에게 제사를 받들 수 있기를 바라고 있습니다. 하지만 두려움에 떨어 이런 말씀을 감히 직접 아뢰지 못하고, 번오기의 목을 베고, 연나라 독항 지방의 지도를 바치겠다며 그것들을 상자에 밀봉해서 보냈습니다. 연나라 왕은 궁전에서 예를 차리고 사신을 보내 대왕의 하교를 기다리고 있습니다. 대왕께서 명해 주시옵소서."

진나라 왕은 이를 듣고 크게 기뻐하며, 조복朝服을 입고 구빈九賓의 예를 갖추어 함양궁에서 연나라 사자를 만나겠다고 했다.

형가는 번오기의 머리가 든 상자를 받들고, 진무양은 독항 지방의 지도가 든 상자를 받들고서 진나라 왕에게 나아갔다. 차례로 계단에 이르렀다. 진무양의 얼굴빛이 확 변하며 부들부들 떨었다. 여러 신하들이 그 점을 이상히 여겼다.

형가는 진무양을 돌아보며 웃고는 앞을 향해 사죄의 말을 올렸다.

"북방 오랑캐 땅의 촌놈인지라 일찍이 천자의 얼굴을 뵌 적이 없어 저리 떠는 것이오니, 대왕께서는 조금 은혜를 베푸시어, 저로 하여금 대왕 앞에서 일을 끝마칠 수 있게 해주시옵소서!"

진나라 왕이 형가에게 말했다.

"진무양이 들고 있는 지도를 가져오너라."

형가는 지도를 받아 진나라 왕에게 바쳤다. 진나라 왕이 지도를 펼쳐다. 거의 다 펼쳐졌을 때, 비수가 드러났다.

형가는 왼손으로 진나라 왕의 소매를 잡고 오른손으론 비수를 쥐고서 진나라 왕을 찔렀다. 칼날이 진나라 왕의 몸에 닿을락말락했다. 진나라 왕은 놀라서 벌떡 몸을 일으켰다. 소매가 찢어졌다.

진나라 왕이 칼을 뽑으려 했지만, 칼이 너무 길었다. 왕은 칼집만 쥐었을 뿐, 워낙 황급하고 칼이 꽉 끼어 있는지라 칼을 뽑을 수 없었다. 형가가 진나라 왕을 추격하자, 진나라 왕은 기둥을 돌며 달아났다. 신하들 모두 경악할 뿐, 너무도 갑작스런 일이라 아무런 대책도 떠올리지 못하고, 멍해 있을 따름이었다.

또한 진나라 법에 궁전에서 천자를 모시는 신하는 누가 되었건 아주 조그마한 무기도 지닐 수 없었다. 무기를 든 병사들은 모두 어전 아래에 줄맞춰 서있었지만, 왕이 부르기 전에는 올라올 수 없었다. 하도 급박한지라, 진나라 왕은 밑에 있는 병사를 불러야겠다는 생각을 떠올리지도 못했다. 그래서 형가는 진나라 왕을 쫓아다닐 수 있었다.

병기를 갖지 못한 신하들은 형가를 가격하지 못하고 손으로 붙들려 했다.

이때였다. 왕의 건강을 돌보는 의사 하무저가 진나라 왕에게 올리려고 들고 있던 약단지를 형가에게 던졌다. 그 사이 진나라 왕은 기둥을 뼁 돌아 달아났다. 하지만 그 뿐 너무도 황급해서 어찌해야 할 줄을 몰랐다.

이에 주변의 신하들이 말했다.

"왕이시여, 칼집을 등 뒤로 돌리고 칼을 뽑으시옵소서!"

칼집을 등 뒤로 돌리고 후려쳐 뽑아내자, 칼이 드디어 칼집에서 뽑혔다. 칼로 형가를 내리쳤다. 형가의 왼쪽 허벅지가 잘렸다. 형가가 쓰러졌다. 형가는 비수를 겨눠 진나라 왕에게 던졌다. 빗나갔다. 비수는 기둥에 박혔다.

진나라 왕은 다시 형가를 내리쳤다. 형가는 여덟 군데나 상처를 입었다. 형가는 일이 실패했음을 알고 기둥에 기댔다. 그러곤 웃었다. 두 발을 쭉 뻗으며 꾸짖었다.

"일을 이루지 못한 것은 [너를] 생포한 뒤 겁박해서, 땅을 돌려주겠다는 약속을 너에게 받아내, 연나라 태자에게 보답하려고 했기 때문이다."

이에 진나라 신하들이 앞으로 나와 형가를 죽였다.

6

진나라 왕은 오랫동안 안정하지 못했다.

일이 다 끝난 뒤 진나라 왕은 논공행상論功行賞을 했는데, 그곳에 있던 신하들에게 차등을 주어 상을 주었다. 하무저에게는 황금 이백 일溢을 주며 말했다.

"하무저가 나를 사랑했기에 약그릇을 형가에게 던졌다."

이 일로 진나라 왕은 크게 분노했다. 더욱더 많은 병력을 동원하여 조나라를 향하게 하고, 진나라 장군 왕전에게 연나라를 치라는 조칙詔勅을 내렸다. 열 달을 버티지 못하고 연나라 도성인 계성薊城이 함락되었다. 연나라 왕과 태자 단 등은 정예병을 거느리고서 동쪽으로 가 요동을 지키려 했다.

진나라 장군 이신이 연나라 왕 희喜를 추격하자, 대代나라 왕인 가嘉가 연나라 왕에게 편지를 보냈다.

"진나라가 연나라를 이리도 심히 몰아치는 것은 연나라 태자 단 때문입니다. 만약 왕께서 태자 단을 죽여 진나라 왕에게 바친다면, 진나라 왕은 노여움을 풀 게 틀림없습니다. 그렇게만 되면 연나라의 사직에서 제사가 계속되는 행운을 누릴 수 있을 것입니다."

그 뒤 진나라 장군 이신李信이 태자 단을 추격했다. 태자 단은 연수라는 강으로 몸을 숨겼다. 이에 연나라 왕은 사신을 보내서 태자 단의 목을 베어 진나라 왕에게 바치려 했다.

진나라가 또다시 병력을 진격시켜 연나라를 공격했다. 5년 뒤 진나라는 마침내 연나라를 멸망시키고 연나라 왕 희를 포로로 잡았다.

이듬해 진나라는 천하를 병탄竝呑(다른 나라의 영토나 남의 재물을 한데 아울러서 제 것으로 만드는 일)하고 황제라는 칭호를 세웠다.

7

한편 진나라가 태자 단과 형가 일당을 찾으므로 그들은 모두 숨었다. 고점리는 성과 이름을 바꾸고 송자宋子라는 곳에서 술집의 하인이 되어 몸을 숨겼다. 오랫동안 그런 생활을 하자니 고점리는 괴로웠다.

고점리는 주인집 대청마루에서 손님이 축을 타는 소리를 듣기도 했는데, 그 주변을 서성거리며 떠날 줄을 몰라 했다. 그럴 때마다 그는 중얼거렸다.

"저 사람은 잘 탈 때도 있지만, 그렇지 못할 때도 있어."

그 집 하인이 주인에게 고점리에 대해 말했다.

"저 머슴은 소리를 잘 아나 봅니다. 혼잣말로 늘 잘 하네 못 하네 하며 중얼거렸습니다."

그러자 집 주인이 고점리를 불러 자기 앞에서 축을 타보라고 했다.

그 자리에 앉아 있던 사람들은 한결같이 고점리의 축 타는 솜씨를 칭찬하며 술을 내렸다. 고점리는 생각에 잠겼다. 오랫동안 숨어 지내며 두려움과 가난을 견딘들 소용없겠다는 생각이 들었다. 이에 그 자리에서 물러났다. 자기 짐짝에 숨겨두었던 축과 좋은 옷을 꺼내, 새 차림새를 하고 사람들 앞에 나타났다.

앉아 있던 손님들은 모두 깜짝 놀라 그 자리에서 일어났다. 그러고는 그들의 자리에서 내려와 대등한 예로 고점리를 맞이하고는 그를 상객으로 대접하며, 축을 타고 소리를 하도록 요청했다.

그곳에서 고점리의 소리를 들은 손님들은 누구라 할 것 없이 눈물바람을 하며 돌아갔다. 송자 고장 사람들은 번갈아가며 고점리를 모셨다. 그런 소문이 진시황의 귀에까지 들어갔다.

진시황이 그를 불러 만나게 되었는데, 어떤 사람이 그를 알아보고 말했다.

"고점리다!"

진시황은 축을 빼어나게 잘 타는 고점리의 솜씨가 아까워 그에게 씌웠던 중죄를 사면했다.

대신에 고점리의 눈을 멀게 한 다음 그에게 축을 타게 했다. 그가 축을 탈 때마다 진시황은 그를 칭찬했다. 고점리는 조금씩 조금씩 진시황 가까이에 가게 되었다.

고점리는 납덩이를 축 속에 넣었다. 고점리는 또다시 진시황 앞으로 더 나아갈 수 있었다. 아주 가까이에 이르렀다. 축을 들어 진시황을 향해 내리쳤다. 맞지 않았다. 진시황은 고점리를 죽였다. 그러고는 죽을 때까지 제후들의 나라에서 온 사람을 만나지 않았다.

노구천은 형가가 진나라 왕을 찔러 죽이려다 실패했다는 소리를 듣고는 혼자 중얼거렸다.

"아, 아쉽게도 그는 칼 쓰는 것을 익히지 못했구나! 심하구나, 사람 보는 눈이 없는 내 꼴이라니! 내가 그를 꾸짖었던 그때, 그는 나를 사람 같지 않은 놈으로 여겼겠구나."

태사공은 말한다.

"형가에 관한 이야기가 회자되는데, 그 중에 태자 단이 운명하자 '하늘이 곡식을 비처럼 쏟았고 말에게서 뿔이 돋아났다[天雨粟 馬生角]'는 말이 있다. 그런데 이건 너무 심한 말이다. 또한 형가가 진나라 왕에게 상처를 입혔다는 소리도 있는데, 이는 틀린 소리다.

당시에 공손계공이라는 사람과 동중서는 탕약 그릇을 던져 진시황을 구한 하무저와 교유하고 있었으므로 이 일에 대해 잘 알고 있었다. 앞에서 내가 밝힌 바는 그 두 사람이 나에게 알려준 대로이다."

"조말부터 형가에 이르기까지 다섯 자객을 소개했는데, 의협심을 낸 이분들 중 어떤 분은 성공하고 어떤 분은 성공하지 못했다. 그러나 그들이 뜻을 분명히 세우고, 그 뜻을 저버리지도 않았으니, 이분들의 이름을 후세에 전하는 것이 어찌 망령되었다고 하겠는가!"

독서토론을 위한 질문 8

1. 가치 있는 삶이란 어떤 것일까요? 많은 사람들이 꿈꾸는 성공과 행복을 추구하고 또 그것을 이루는 삶일까요? 만일 한국전쟁 시기와 일제 강점기처럼 개인의 삶이 시대의 영향을 강하게 받는 때라면 어려운 선택을 할 수밖에 없는 한계가 있을 것입니다. 오늘 여러분의 삶에서 선택의 어려움을 겪는 문제는 어떤 것들이 있나요?

2. 형가는 진시황을 만나서 빼앗긴 땅을 되돌려받을 수도 있지만 진시황을 암살하는 일이 실패할지도 모르는 상황에서 의연하게 앞으로 나아갔습니다. 형가는 어떻게 그런 용기를 갖게 되었을까요?

3. 형가가 처음에는 쉽게 다른 사람들과 어울리지 못하고 성격이 꽤 까탈스러운 사람으로 여겨졌지만 개백정과 고점리를 만나면서

부터는 그들과 우정을 나누고 즐기는 모습을 보여주는가 하면, 숨은 선비 전광 선생의 눈에는 남다른 인물로 여겨지기까지 합니다. 사람을 알아보는 눈이란 무엇을 말할까요? 그런 지혜와 안목은 어떻게 길러질까요?

4. 목숨을 바칠 만큼 가치 있는 일이란 무엇일까요? 자신이 속한 나라가 위기에 처했을 때나 위험에 처한 사람을 구해야 하는 상황이 닥쳤을 때 기꺼이 자신을 희생할 수 있는 정신은 고귀하지만 쉽지 않은 일입니다. 우리나라나 외국의 사례에서 그런 정신의 모델이 될 만한 분을 찾아 그 특징을 설명해 보세요.

5. 형가는 "책읽기와 검술을 좋아했고" 비록 위나라 군주인 원군에게 등용되지 않았지만 "사람 됨됨이가 침착하고 속이 깊었다"고 합니다. 그리고 여러 현인, 호걸들과 사귀며 지내던 중 뜻이 맞는 벗을 만나고 전광 선생이라는 현인을 만나게 됩니다. 여러분은 자신의 미래를 위해 어떤 준비를 하고 있나요?

6. 스승인 태부 국무의 거듭된 만류에도 아랑곳하지 않고 진시황을 암살하기로 한 연나라 태자 단의 계획은 결국 실패로 돌아갑니다. 일을 계획하고 추진하는 데 있어 다른 사람의 생각과 지혜를 귀 기

울여 듣는 일의 중요성을 알 수 있습니다. 태자 단이 스승의 계책대로 때를 기다리며 '확대된 합종책'을 썼다면 연나라는 어떻게 되었을까요?

7. 여러분에게는 어떤 친구들이 있나요? 또 여러분은 어떤 친구인가요? 친구들과 함께 서로가 서로에게 어떤 친구인지, 우정의 대화를 나눠보세요.

8. 태자 단의 스승 국무는 태자 단이 진시황에게 복수를 하려는 데 대해 진나라 번오기 장군의 망명에 대한 입장, 다른 나라들과의 합종책 등을 들어 간곡하게 말하지만, 태자 단은 끝내 이를 듣지 않고 자신을 홀대한 데 대해 복수하기로 결정합니다. 태부 국무는 태자 단을 꾸짖듯 경계의 말을 하면서도 결국 전광 선생을 천거하며 더 이상 충언을 하지 못합니다. 태부 국무가 끝까지 굽히지 않고 간쟁(옳지 못하거나 잘못된 일을 고치도록 간절히 말하는 것)을 했다면 어떻게 되었을까요?

전국시대의 뒷자락 100년

진시황에 의해 중국이 통일되기 100년 전쯤(기원전 320년 즈음)부터 통일 때(기원전 221년)까지 중국에선 일어날 수 있는 일은 다 일어났다. '들어가는 글'에서 밝혔던 것을 다시 한 번 떠올려보자.

전국시대 때 중국에선, 일본히로시마에 터진 핵폭탄보다 더 엄청난 폭탄이 터지기까지 했다. 비가 오지 않는데도 큰 도시가 물에 잠기고, 넓은 농토가 홍수에 완전히 쓸려나가는 일이 몇 번이나 일어났다. 도도하게 흐르는 황하 물줄기가 방향을 바꿔 갑자기 도시와 농토로 밀려들었다. 한 나라의 수도를 물속 도시로 만들어버리면 끝내 손들고 나올 수밖에 없지 않겠느냐는 무시무시한 잔혹함이 만들어낸 결과였다. 히로시마에 떨어졌던 핵폭탄의 위력이 이만했을까? 진나라가 위나라(양나라)의 수도인 대량을 포위했는데도 위나라가 항복하지 않자, 항복을 받아내기 위해 진나라가 내린 결정(기원전 225년)이었다. 핵폭탄이 터지자 손을 든 일본처럼, 위나라도 바로 항복을 했다.

한 도시를 통째로 물속 도시로 만들어버리고, 농토와 그 곁에 마을을 이루고 사는 평민들의 목숨을 큰물로 휩쓸어 강물로 만들어버리는 이런 무지막지함은 진秦나라만의 무지막지함이 아니었다. 초나라도, 조나라도, 진晉나라도 그랬다. 이런 수공작전은 여차하면 발생했다. 핵폭탄이 군인과 민간인, 짐승과 식물을 가리지 않고 한 도시의 생명 전체를 초토화시키듯, 물폭탄도 그랬다.

이런 시대가 중국의 전국시대였다. 마지막 100년은 오직 죽고 죽이는 것만이 있었다. 이때 중국의 최강자는 진나라(혜문왕)였다. 거기에 전통적인 강국 초나라(회왕)가 여전히 강대국으로 있었고, 조나라(무령왕)가 다크호스로 떠오르고 있었다.

기원전 317년 위나라의 책사가 된 공손연* 은 남쪽, 북쪽, 동쪽을 땀 마를 새도 없이 허겁지겁 왔다 갔다 했다. 진나라에 대항하는 합종책에 의한 동맹을 맺기 위해서였다. 1년 뒤 초나라의 회왕을 주장으로 하는 초·위·조·한·연 연합군이 형성되어 진나라를 공략하기로 했다.

하지만 중원에 야심이 있었던 초나라, 진나라로부터 멀찍이 떨

* 맹자 시대 장의와 더불어 이름을 날린 책사이자 종횡가이다.

어져 있던 연나라는 군대 동원에서 슬쩍 발을 뺐다. 결국 위·조·한 세 나라 연합군이 진나라를 침략했다. 그 정도의 힘으로는 진나라의 적수가 되지 못해, 연합군은 8만의 군사를 잃고 와해되었다. 이로써 공손연은 역사의 무대에서 사라지고, 진나라의 책사 장의만이 남아 중국을 쥐락펴락 하게 되었다.

장의는 남쪽의 강국 초나라를 약화시켜야만 진나라가 중원으로 진출할 수 있다고 생각했다. 초나라는 제나라와 우호 관계를 맺고 있었다. 장의는 먼저 초·제 동맹을 결딴낼 계책을 냈다. 초나라 대신 근상 등에게 뇌물을 주어 자기편으로 만든 다음, 초나라 회왕에게 말했다. "제나라와 관계를 끊으면 상과 오(어라고도 한다) 땅 600리를 초나라에 그저 주겠다"고 약속한 것이다. 초나라 조정은 두 쪽이 났다. 600리 땅을 삼키자는 쪽과 제나라와 관계를 유지해야 한다는 쪽의 말이 가파르게 부딪쳤다. 지금까지도 글로 이름을 날리고 있는 굴원(《초사》 특히 〈이소〉의 작가로 유명하다)은 제나라와의 관계를 중시해야 한다고 말했다. 유력자 근상과 왕족 자란은 굴원의 말에 핏대를 올렸다. 초나라 회왕은 제나라와의 관계를 단절하기로 결심하고, 그것을 확실히 보여주기 위해 제나라 왕을 모욕하는 편지를 보냈다. 그러곤 진나라에 600리 땅을 요구했다.

장의는 6리 땅을 약속했을 뿐 600리는 꺼내본 적도 없다고 했다. 화가 난 초나라는 진나라를 치기로 했다. 장의의 계산대로 되어갔다. 초나라는 초·위·조·한·연 연합군의 주장이 되기로 해놓고 나중에 발을 뺀 게 있어 중원의 나라와 연합할 수도, 모욕을 주며 관계를 끊은 제나라와 연합할 수도 없었다. 초나라는 장의에게 농락당한 수모를 견딜 수 없었다. 단독으로 군대를 진나라로 휘몰았다. 단독의 초나라는 진나라의 적수가 되지 못했고, 참패했다. 이성을 상실한 초회왕은 군대를 총동원해 진나라를 다시 공략했다. 장의는 웃고 있었다. 초나라는 힘에 부쳐했다. 이 기회를 중원의 나라가 놓칠 리 없다. 한나라와 위나라가 연합해 초나라로 밀고 내려왔다. 초나라가 계속 진나라와 전쟁을 하다간 쫄딱 망하게 생기게 되었다. 초나라가 진나라에 땅을 떼 주고 강화를 맺은 뒤 연합군은 겨우 철군했다.

진나라의 힘을 보여주었다고 생각한 장의는 초나라에 사람을 보내 두 나라의 우호관계를 다시 트고, 진나라 땅 일부와 초나라 검중 땅을 교환하자고 했다. 화가 머리끝까지 치민 초회왕은 장의만 잡을 수 있다면 그냥 검중 땅을 줄 수도 있다고 말했다. 이 소리를 들은 장의는 순순히 초나라로 들어와 초회왕 앞에 섰다.

장의를 가둔 뒤 죽이려 하는데, 초회왕이 끔찍이도 사랑하는 여인 정수가, 장의를 살려주라고 초회왕에게 간청했다. 여인의 목소리를 어쩌지 못하고 초회왕은 장의를 석방했다. 정수와 장의 사이에 어떤 일이 있었던 것일까? 장의는 정수와 말이 잘 통하는 초나라 대신을 뇌물로 매수해 정수에게 말이 들어가게 했다. '진나라 왕이 장의를 끔찍이 아껴서 절세 미녀를 보내 장의를 구하려 하니, 그러기 전에 장의를 석방하지 않으면 안 된다.' 이 말이 들려오자, 왕의 총애를 잃을까 두려워진 정수는 장의를 빨리 석방하라고 초나라왕을 조를 수밖에 없었다. 초회왕, 그의 여인 정수, 초나라 대신, 모두 장의의 손에 쥐어진 장기판의 말이었다.

장의는 풀려나자 초회왕을 회유하고 협박해 강화를 맺었다.(기원전 312년) 양쪽 태자를 볼모로 교환하고, 진나라가 노렸던 검중 땅을 내놓는 조건이었다. 장의가 초나라에서 돌아온 해에 장의를 전폭적으로 밀어주었던 진나라 혜문왕이 죽자, 장의는 밀려나야 했다. 장의는 위나라로 들어가, 위나라의 재상이 되었다. 그도 하늘은 마음대로 할 수 없어 1년 뒤 죽음을 맞이했다. 천수를 누렸다는 점에서 다른 변법가, 종횡가와 달랐다고 해야 할까. 오자서, 오기, 상앙, 소진, 한비자, 이사 모두 제 명에 못 죽었으니 말이다.

진나라 효공이 죽자, 진나라 사람들이 효공의 책사 상앙을 네 마리 말로 찢어 죽였으면서도 그의 정책은 그대로 유지했듯이, 이번에도 진나라는 장의를 쫓아냈지만 그의 정책은 그대로 밀고 갔다. 진나라의 전체주의화는 멈추지 않은 것이다. 부국과 강병이 착착 진행되었다. 부국은 좋은 것일까? 진나라 왕에겐 좋았지만, 진나라 인민에겐 나빴다. 생산력이 높아진 뒤, 월등해진 생산물로 뭘 했나? 이 물음이 있은 뒤에야 부국이 좋은 것인지 아닌지를 말할 수 있다. 법가에 의해 통치된 진나라는 커진 경제력으로 전쟁을 했다. 커진 경제력은 전쟁을 더 크게 하기 위한 도구에 지나지 않았다. 이 점이 유학과 다르다. 유학도 나라를 부유하게 하라고 말한다.

> 공자가 말했다. "사람이 많구나."
>
> 염유가 말했다. "사람이 많아졌으면 이제 무엇을 해야지요?"
>
> "부유하게 해줘야지."
>
> "부유하게 되었으면 또 무엇을 해야지요?"
>
> "그들을 가르쳐야지."*

많은 사람들이 오해하는 것과는 달리 유학은 먼저 경제를 잘 운영해 먹고 살게 만들고, 그것이 이루어진 뒤에 가르치라고 한다. 맹자도 똑 같이 말했다. 유학은 절대 경제와 가르침(윤리)의 순서를 바꾸지 않는다. 경제가 이루어진 뒤에는, 그 경제력으로 침략이나 궁궐을 지어서는 안 되고 반드시 인민들을 위한 인문교육이 이루어져야만 한다고 말한다. 이 점이 법가와 다르다. 다시 전국시대로 가자.

* 《논어》 〈자로〉 9장. "子曰, 庶矣哉! 冉有曰, 旣庶矣, 又何加焉? 曰, 富之. 曰, 旣富矣, 又何加焉? 曰, 敎之."

진나라에 볼모로 있던 초나라 태자가 일을 냈다. 진나라 대신과 사사로운 싸움을 하다가, 대신을 죽여 버린 것이다. 태자는 진나라에서 달아나 초나라로 돌아왔다. 진나라는 제·한·위를 동원하여 초나라를 쳤다. 초나라는 땅을 많이 빼앗겼다. 다음 해도 진나라는 군대를 초나라로 진격시켰다. 역시 초나라의 군사는 갈대처럼 쓰러졌다. 초나라는 어쩔 수 없이 제나라에 태자를 볼모로 보내고 우호 관계를 구걸했다. 그러자 진나라가 초나라에 또다시 우호관계를 맺자고 사신을 보내왔다. 초나라는 또 두 쪽으로 갈려 '친진! 친제!' 하며 서로에게 핏대를 올렸다. 이번에도 초회왕은 친진을 골랐다. 진나라와 수교를 맺으러 갔다. 진나라는 초회왕을 체포해버렸다. 왕의 몸값으로 초나라의 목숨 줄이나 다름없는 땅을 요구했다. 초나라는 그럴 수 없다고 버텼다. 상황에 진전이 없었다. 초나라는 제나라에 볼모로 가 있던 태자를 귀국시켜 왕(경양왕)으로 삼았다.(기원전 299년)

진나라는 또 초나라를 쳐서 땅을 빼앗았다. 이로써 초나라는 크게 꺾이게 되었다. 몇 년 뒤 진나라는 한나라 군사 14만 명을 베 죽이고, 초나라에 "한판 크게 싸워보자"는 글을 보냈다. 초나라는 진나라에 강화를 구걸했다. 진나라는 이제 제나라의 힘을 꺾어놔야겠다고 생각했다. 진나라는 초나라에게 함께 제나라를 칠(기원전 284년) 것을 요구했다. 초나라는 말을 듣지 않을 도리가 없었다. 이

제 초나라는 진나라의 속국처럼 되었다.

그런데 이 일이 있기 2년 전, 기원전 286년에 제나라는 진나라와 비밀리에 강화를 맺은 뒤, 송나라를 멸망시키고 합병한 일이 있다. 이 일은 제나라 위쪽에 붙어 있던 연나라를 극도로 불안하게 했다. 강대국 제나라의 힘이 뻗칠 곳이 어디인지 뻔했기 때문이다. 제나라에 의한 송나라 병합은 중원의 국가인 한·위·조도 긴장시키고 있었다.

이런 판세가 될 것이란 걸 미리 내다보고 있던 진나라 소왕은, 연나라를 움직여 연·한·위·조·진 5개국 동맹을 맺고, 제나라를 치게 했다. 진나라는 또한 초나라에게도 제나라를 치게 했다. 제나라에 가장 위협을 받고 있었던 연나라는 악의를 장군으로 삼고 온 국력을 기울여 제나라를 공략했다. 악의는 이참에 제나라를 없애버리겠다고 덤벼들었다. 제나라의 수도이자 국제도시였던 임치도 정복했다. 제나라에겐 두 개의 성읍만 남았다.

제나라는 전단 장군을 중심으로 결사항전으로 농성을 했다. 농성한 지 3년이 지난 어느 날 연나라 소왕이 죽었다. 새로 등극한 연나라 혜왕은 연나라 장군 악의와 사이가 좋지 않았다. 제나라는 첩자를 보내 이간책을 썼다. 악의가 제나라의 두 성을 3년 동안이나 공략하지 못한 것은, 악의가 기회를 봐 제나라의 잔당과 힘을 합해 스스로 왕이 되려는 음모를 꾸미고 있기 때문이라는 소문을 퍼뜨렸다. 연나라 혜왕은 악의를 해임했고, 악의는 조나라로 내뺐다.

장군 악의가 없어지자 연나라의 힘은 이전과 달랐다. 진나라는 전쟁 초반에 이미 발을 뺐고, 연나라만이 제나라의 마지막 숨통을 조이고 있었는데 이제 그게 여의치 않게 된 것이다. 제나라는 이것 말고도 거짓 항복 등으로 연나라를 속여 빼앗겼던 땅 전부를 되찾았다.(기원전 278년)

하지만 5년간의 전쟁으로 제나라는 힘을 너무도 많이 잃어 다시는 중국의 세력 판도에 별 영향을 끼치지 못했다. 오히려 진나라의 힘이 얼마나 큰가를 처절히 깨달아 진나라에 조심하는 것이 제나라의 변경할 수 없는 정책이 되고 말았다. 제나라가 진나라에 겁을 집어먹었다는 것을 진나라도 알았다.

강대국 제나라의 힘을 쭉 빼놓은 진나라는 또 초나라로 군대를 몰았다. 중국 정국은 이미 진나라가 짜놓은 판대로 움직이고 있었다. 진나라의 앞길을 막을 나라는 이제 없었다. 전에 속임수를 써서 초회왕을 인질로 잡고서 요구했던 땅, 무와 금중을 빼앗고 초나라 수도를 점령했다.(기원전 277년)

초나라는 중원 사람들로부터 남쪽 촌놈들이라며 놀림을 받긴 했지만, 중국 전체 땅의 3분의 1 이상을 갖고서 오랫동안 강국으로 군림했던 나라였다. 그런 나라가 장의의 혓바닥과 뇌물에 놀아난 뒤부터 허무하게 역사의 뒤안길로 사그라져가고 있었다. 이런 초나라의 굴욕을 어쩌지 못했던 굴원은 수많은 글과 〈어부사〉, 절창 〈이소〉를 남기고 멱라수에 몸을 던졌다.

그가 지은 〈어부사〉는 혼탁한 세상일망정 혼탁하게 살 수는 없다는 고고한 외침이다.

> '새로 머리를 감은 사람은 반드시 갓을 털고 쓰고, 새로 목욕한 사람은 반드시 옷을 털고 입는다' 했소. 그러니 어떻게 깨끗한 내 몸에 더럽고 지저분한 것을 집어넣게 할 수 있겠소. 강물에 뛰어들어 물고기 뱃속에 묻힐지언정, 하얗게 빛나는 내 몸을 어떻게 세속의 진흙탕 속으로 집어던질 수 있겠소.*

이 시를 남기고 굴원은 멱라수에 몸을 던졌다. 반듯하고 기품 있게 빼어났던 사람들은 정치 일선에 설 수 없었던 시대였다. 맹자, 순자에게도 나랏일이 맡겨지지 않았다. 천 리 길을 멀다 하지 않고 이 나라를 가고 저 나라를 가도 헛걸음이었다. 일을 반듯하게 하고 싶은 열정은 가슴에서 활활 타올랐지만, 세력자들은 나랏일을 품격이 있는 사람들 손에 맡기지 않았다. 전쟁의 신은 기품 있게 빼어난 사람을 필요로 하지 않기 때문이다.

* 요코다 고레다카[横田惟孝] 편찬《한문대계 22 초사》, 〈권5. 연나라 어부 제7 이소〉, 24쪽.

진나라를 빼고 나면, 이제 힘깨나 쓸 수 있는 나라는 조나라가 유일했다. 본래 조나라는 강대국이 아니었으나, 무령왕이 추진한 개혁에 힘입어 그 힘이 상당히 커진 상태였다. 무령왕의 개혁 중 대표적인 것은 조나라 사람들에게 북방 기마민족의 옷인 바지를 입게 한 것이다. 조나라인은 기마민족을 얕잡아 봤기에 그들의 복장으로 바꾸라는 명령에 저항도 많이 했지만, 무령왕의 강력한 의지로 시행이 되었다. 그들의 옷은 전쟁과 말 타는 것에 유리했기에 조나라 군대는 갑자기 강병이 되었다.

기원전 270년 진나라는 조나라를 공격했다. 조나라 장군 조사는 침착히 지형지세를 이용하여 진나라를 대파했다. 진나라는 합병전쟁에 나선 이후 최초로 대패했다. 하지만 진나라의 전략이 흔들릴 정도는 아니었다.

기원전 262년 진나라는 한나라를 침략해 한나라를 둘로 갈라놓았다. 본국과의 길이 막힌 한나라 상당 지역의 군수는 조나라에 사자를 보내 조나라에 항복하고 진나라에 맞서 싸우겠다고 했다. 조나라는 논란 끝에 그 제안을 받아들였다. 상당 지역으로 평원군을 보내 구원케 했지만 진나라에 밀려, 거기에 있던 한나라 군사와 함께 장평으로 밀려왔다. 장평엔 조나라의 노장 염파가 지키고 있었다. 진나라는 염파 장군에게 싸움을 여러 가지로 걸었지만, 염파는 성을 지키기만 할 뿐 성 밖으로 나오지 않았다. 성이 워낙 견고해 진나라는 성을 공략할 수 없었다.

진나라는 고심했다. 그들이 잘 쓰는 이간책을 또 쓰기로 했다. '염파는 늙어서 진나라가 두려워 성을 한 발짝도 나서지 못한다. 사실 진나라가 두려워하는 사람은 따로 있다. 조괄 장군을 두려워하는데 그 사람만 장군으로 오지 않기를 바랄 뿐이다'라는 소문을 퍼뜨렸다. 이 소문을 들은 조나라 왕은 귀가 솔깃했다. 그도 그럴 것이 조괄 장군은, 최근 반세기 사이에 진나라에 유일하게 큰 패배를 안긴 조사 장군의 아들이었기 때문이다. 장평 전투는 전국시대 전투 중 가장 중요하고 또 전쟁의 참혹함을 가장 잘 알려주는 전투이기에 사마천의《사기》에서 이 부분을 그대로 따오겠다.

"조나라 왕은 염파 대신 조괄에게 군대를 맡기려 했다. 승상 인상여가 반대했다.

"왕께서는 명성만 듣고 조괄을 쓰려 하십니다. 이것은 거문고를 아교로 꽉 붙여둔 채 연주하는 것과 같습니다. 조괄은 그저 자기 아버지가 남긴 병법서만 읽었습니다. 변화무쌍한 실전에 대처할 줄은 알지 못합니다."

그러나 조나라 왕은 승상 인상여의 말을 듣지 않았다. 끝내 조괄을 장군으로 임명했다.

조괄은 어릴 적부터 병법을 배워, 군사에 대해서라면 이 세상에 자기를 당할 자가 없다고 자부했다. 일찍이 그는 아버지 조사(주: 조나라가 자랑하는 명장이며, 명재상 인상여도 인정한 대장군이다.)와 병법을 놓고 토론한 적이 있었다. 아버지 조사는 그의 말을 꺾지 못했다. 하지만 조사는 조괄에게 "잘했다"라고 말하지 않았다. 조괄의 어머니가 조사에게 그 까닭을 물었다. 조사가 말했다.

"전쟁은 목숨이 왔다 갔다 하는 자리요. 괄은 전쟁을 너무 쉽게 말하고 있소. 조나라로 하여금 괄을 장군으로 삼지 않게 해야만 하오. 그를 끝내 조나라 장군으로 삼는다면, 조나라 군대는 끝내 파멸당할 것이오."

조괄이 떠나려 하자, 어머니는 왕에게 글을 올렸다.

"괄을 장군으로 삼으면 안 됩니다."

왕이 물었다.

"무엇 때문이오?"

조괄의 어머니는 대답했다.

"예전에 제가 조괄의 아버지를 모실 때, 괄의 아버지는 장군이었습니다. 그가 몸소 음식을 받들면 나아와 먹는 이가 수십 명이었고, 벗 삼은 이도 수백 명이나 되었습니다. 대왕이나 나라에서 상으로 내리신 것은 모조리 장교나 사대부에게 주었으며, 출전 명령을 받은 날부터는 집안일을 묻지도 않았습니다.

지금 제 아들 괄은 하루아침에 장군이 되었습니다. 그가 동쪽을 향해 앉아서 장교들의 인사를 받게 되었지만, 그들 가운데 제 아들을 존경하여 우러러보는 이는 단 한명도 없습니다. 그는 왕께서 내려 주신 돈과 비단을 가져와 집에 감추어 두고, 날마다 이익이 될 만한 땅이나 집을 살피러 돌아다니다가 맘에 드는 게 있으면 사들입니다. 왕께서는 이런 아들이 그 아버지와 같으리라 생각하십니까? 아버지와 자식이지만 마음이 이렇게 다릅니다. 부디 왕께서는 제 아들을 장군으로 보내지 마십시오."

왕이 말했다.

"그 어머니는 더 이상 말하지 마시오. 나는 이미 결정했소."

그러자 괄의 어머니가 말했다.

"왕께서 끝내 그를 보내시겠다면 그가 칭찬받을 일을 하지 못하더라도, 저를 그의 죄에 연루시키지 말기 바랍니다."

왕이 승낙했다.

조괄은 염파를 대신하게 되자, 군령을 몽땅 바꾸고 장교도 모조리 교체했다. 진나라 장군 백기가 이 소식을 들었다. 백기는 기병을 보내 싸우다 달아나는 척하게 했다. 그런 다음 뒤쫓는 조나라 군대의 식량 보급로를 끊었다. 조나라 군대를 둘로 갈라, 군사들의 마음이 흩어지게 한 것이다. 사십여 일이 지나자 조나라 군사들이 굶어 죽어가기 시작했다. 조괄은 정예부대를 앞세우고 직접 싸우러 나갔다. 진나라 군사가 조괄을 쏘아 죽였다. 조괄의 군대는 싸움에 져, 수십만 군사가 진나라에 항복했다. 진나라는 이들을 몽땅 땅에 묻어 죽였다. 조나라가 이 싸움판 앞뒤에 잃은 군사는 45만 명이나 되었다. 이듬해에 진나라 군대는 마침내 한단을 포위했다. 일 년이 다 가도록 한단은 포위 상태에서 벗어나지 못했다. 초나라와 위나라 제후들이 조나라를 도우러 와, 조나라는 겨우 한단의 포위망에서 벗어났다. 조나라 왕은 조괄의 어머니가 앞서 한 말 때문에 결국 그녀를 죽이지 못했다.(기원전 260년) (《사기》, 〈염파·인상여 열전〉)

이제 운수는 정해졌다. 언제 진나라 천하가 되느냐가 문제될 뿐이었다. 조나라 수도 한단을 점령하면 끝이나 다름없었다. 그때 식객도 많이 거느리고 평판도 높았던 조나라의 평원군, 위나라의 신릉군, 초나라의 춘신군이 힘을 합했다. 조·위·초 연합군이 형성되었다. 평원군이야 자기 나라니까 그렇다 하더라도 다른 두 사람이 조나라를 돕는 것은 쉬운 일이 아니었다.

위나라 왕은 진나라가 두려워 감히 조나라를 도우려 하지 않았다. 그러자 신릉군은 위나라 왕의 애첩 여희를 통해 왕의 침실에서 '군대 부절'을 훔쳤다. 이것이 있어야 군대를 움직일 수 있기 때문이다. 훔친 군대 부절을 가지고가, 위나라 병사를 거느리고 있는 장군에게서 군대를 접수해 조나라를 구하러 갔다.

초나라 왕도 조나라를 돕지 않으려다가, 모수라는 자객에게 "지금 열 발자국 안에서는 초나라가 아무리 강대국이라 해도 소용이 없습니다. 대왕의 목숨은 제 손에 든 칼에 달려 있습니다"라는 협박을 받은 뒤에야 군대를 내 주었다.

이렇게 목숨을 건 사람들에 힘입어 조·위·초 연합군이 형성되었다. 조나라 수도를 포위하고 있던 진나라 군은 안팎에서 협공을 당하는 형세가 되어 포위를 풀어야 했다. 그 와중에 진나라는 병사를 조금 잃었다. 이 정도의 패배로 타격을 입을 진나라는 아니었지만, 진나라의 기세가 꺾인 것은 확실했다.

놀라운 것은 이런 상황에서도 제나라는 진나라에 대항하는 연합군에 끼지 않았다는 점이다. 가만히만 있으면, 진나라가 제나라는 존속시켜 주리라 믿었던 것일까? 그보다는 지난번에 혼쭐이 나 감히 진나라에 대적할 마음을 못 내서 그랬을 것이다. 그래서 그런지 진나라는 제나라를 마지막까지 남겨뒀다. 중국의 모든 나라를 병합한 뒤에야 제나라를 진나라 주머니에 주워 담았다.

기원전 251년, 51년간 왕위에 있으면서 진나라를 초강대국으로 만들었던 진나라 소왕이 죽었다. 그 뒤를 효문왕이 이었는데, 진시황(이 아이의 이름대로 '정'이라 해야 하지만, 편의상 진시황이라 하겠다)의 할아버지다. 그런데 효문왕은 아버지 진소왕의 탈상 일 년을 끝내고 즉위한 지 사흘 만에 세상을 떠나고 말았다. 그 뒤를 자초, 즉 진시황의 아버지가 이었다. 이가 장양왕이다.

장양왕이 진나라의 왕이 되는 것은 사실 거의 불가능했다. 그가 진나라 소왕의 손자인 건 맞지만, 그의 아버지가 태자인 것도 아니었다. 자신이 장자인 것도 아니고, 그의 어머니가 아버지의 사랑을 받는 것도 아니었다. 할아버지가 그를 진나라와 사이가 안 좋은 조나라에 볼모로 둘 정도로 그의 위치는 미미했다. 실상 진나라는 그가 인질로 있는 조나라를 아무 거리낌 없이 공격했다. 그는 일종의 버리는 패였던 것이다. 그런 사람이 진나라의 왕이 되었다. 이 불가능을 현실로 바꾸어 놓은 사람이 여불위란 상인이다. 이제 그 놀라운 현장으로 가 보자.

여불위는 국제 무역으로 떼돈을 벌었다. 어느 날 조나라를 방문했다가 '자초', 즉 진나라 왕의 손자가 조나라에 있다는 것을 알았다. 그날 여불위는 나중에 유명하게 될 말을 했다.

"이건 기이한 재화[奇貨]다. 사둘만하다."

여불위는 자초를 만나 말했다.

"내가 당신의 대문을 크게 할 수 있습니다."

그러자 자초가 응답했다.

"당신의 대문이나 키운 다음에 내 대문을 키우시오."

"내 대문은 당신을 기다려서 커지게 됩니다."

자초는 여불위가 하는 말뜻을 알아들었다.

"내가 진나라의 왕이 될 수만 있다면 당신과 함께 나누겠소."

여불위는 재산을 다 처분해 반은 여불위에게 주고서, 사람을 사귀는 교제비로 쓰게 했다. 나머지 반을 가지고는 자신이 진나라에 가 자초를 이끌어줄 확실한 끈을 찾는데 썼다. 우선 그의 아버지가 태자가 아닌 게 문제였다.

그런데 진나라 태자가 죽었다. 둘째인 안국군 즉 진시황의 할아버지이자, 자초의 아버지가 태자가 되었다. 하늘이 도왔다고 해야 할까. 자초는 왕의 자리에 조금 더 가까워졌다. 하지만 아직도 왕의 자리는 멀었다. 자초는 안국군의 스무 명이 넘는 아들 중 한 명에 지나지 않았기 때문이다. 이제부터는 여불위가 나설 차례였다.

그는 새로 태자가 된 안국군이 사랑하는 여인이 누구인지 알아냈다. 화양부인이었다. 일이 되려고 그랬는지 안국군에게 자식이 그리도 많은데, 화양부인과의 사이에선 자식이 없었다. 여불위는 그의 '기이한 재화'인 자초가 화양부인으로부터 환심을 얻게 해야 했다. 화양부인이 가장 믿는 언니를 만났다. 여불위는 국제 상인답게 진기한 보물과 물품들을 많이 알고 있었다. 그것들을 사들여 화양부인의 언니를 만나 선물했다. 그녀와의 관계가 충분히 터지자, 조나라에서 자초가 친어머니는 아니지만 화양부인을 몹시 그리워한다고 말해주었다. 그러곤 화양부인도 태자의 사랑을 받는 지금, 안국군의 아들 중 하나를 수양아들로 삼아야 한다고 설득했다. 화양부인도, 그의 언니도 잘 알고 있었다. 태자에게 부탁을 할 수 있는 시간은 많지 않고, 지금이 적기라는 것을 알았다.

화양부인은 스무 명이 넘는 태자의 아들을 한 명 한 명 꼽아 보았다. 그 중 한 명을 수양아들로 삼고, 태자에게 말해 태자의 후계자로 만들 생각이었다. 잘 나가는 사람은 먼저 뺐다. 태자의 후계자로 만들어 주어봤자 자기가 잘 나서 된 줄 알 것이기 때문이다. 끈 떨어져 조나라에서 고생고생하고 있으면서, 화양부인을 몹시 그리워한다는 자초를 지목했다. 태자는 자초를 흔쾌히 자기의 후계자로 받아주었다. 여불위의 계산은 정확했고, 수완은 확실했다. 사람이 할 수 있는 일은 이제 다 했다. 나머지는 하늘에 맡겨야 한다.

얼마 안 있어 진나라 소왕이 죽고, 안국군이 왕위에 올랐다. 자초는 이제 태자가 되었다. 그런데 하늘은 자초에게 서둘러 역사의 전면으로 나서라고 말했다. 안국군이 탈상을 하고 왕 위에 오른 지 사흘 만에 죽은 것이다. 자초의 큰 아들 정(진시황)이 태자가 되었다.

자초는 왕에 오르자마자 여불위를 재상으로 삼고 또 제후에 봉했다. 자초(장양왕)는 조나라에서 볼모로 있을 때 여불위에게 한 약속을 지켰다. 장양왕 재임 기간 여불위가 재상 겸 제후로서 진나라를 총괄했다. 재상이 된 여불위도 전쟁판으로 뛰어들어야 했다. 물론 그도 태어날 때부터 전쟁판에서 살았다. 하지만 지금까지와는 달랐다. 여태는 전쟁을 당하는 처지로 살았으나, 이제부턴 그의 손으로 전쟁판을 짜게 되었다.

장양왕 원년, 기원전 249년에 여불위는 군대를 이끌고 가 '중국 천하의 종주국' 동주를 멸망시켰다. 이로써 주나라의 세상은 완전히 끝났다. 그해 여불위는 몽오를 시켜 한나라를 공략했다. 진나라는 관서에서 관동으로 통하는 길목을 손에 넣었다. 장양왕 2년 여불위는 역시 몽오에게 조나라와 위나라를 치게 했다. 진나라가 37개 성을 빼앗았다. 다음 해 여불위는 대장군 왕흘에게 한나라를 치게 해, 한나라의 대부분을 수중에 넣었다. 여불위는 차근차근 중원을 공략해 들어갔다. 그러던 어느 날 장양왕이 재임 3년 만에 세상을 떠났다.

열세 살 먹은 어린 아이가 초강대국 진나라의 왕위에(기원전 246년) 올랐다. 이름은 '정'이고, 나중에 스스로 진시황이라 칭한 인물이다. 하지만 진나라 법에 따르면 관례를 치르고, 칼을 차고 다닐 수 있는 패검의식을 치른 뒤에야 직접 통치할 수 있었다. 21세가 되어야 했다. 그때까진 승상인 여불위가 통치했다.

왕이 바뀌었지만 실질적인 통치자는 바뀌지 않은 셈이다. 여불위의 전략은 여전했다. 착실하게 중원으로 진출해 나가는 것이었다. 그러기 위해 먼 나라인 제나라, 연나라와는 우호관계를 유지했다. 초나라도 당분간 내버려두었다. 여불위는 해마다 한나라와 위나라를 침략해 야금야금 먹어갔다.

뚜벅뚜벅 동쪽으로 밀고 오는 진나라를 두고만 볼 수 없었던지,

겨우 남아 있던 나라들이 연합을 했다. 조·초·위·한·연이 연합군을 형성해(기원전 241년) 진나라를 공격했다. 진나라에서 멀건 가깝건 모든 나라가 힘을 합했지만, 이미 그들의 힘은 진나라의 적수가 되지 못했다. 그들은 무참히 깨졌다.

기원전 238년 진왕 정(진시황)은 드디어 21세가 되었다. 이제 스스로 통치할 수 있는 나이가 되었다. 진왕 정은 먼저 내부를 정리했다. 이날을 기다리기라도 했다는 듯 스물한 살 젊은 왕은 전광석화처럼 움직였다. 먼저 환관 '노애'를 제거했다. 그는 진왕 정의 어머니와 놀아나며 그 사이에 자식을 둘이나 두고 있었다. 당연히 그는 권력을 농단했다. '노애'도 군대를 동원해 맞섰지만, 진왕 정의 적수가 되지는 못했다. 다음엔 그의 아버지를 있게 하고, 진왕 정 자신을 있게 한 여불위를 겨냥했다.

노애와 그 세력을 제거한 다음 해, 여불위도 노애 반란에 연루시켜 관직에서 내쫓았다. 진나라의 수도 함양을 떠나 동쪽 낙양으로 가서 살라고 했다. 그로부터 1년 뒤, 진왕 정은 여불위에게 또 명을 내렸다. "그대는 진나라에 무슨 공을 세워 식읍 10만호를 받았는가? 그대는 진나라 왕실과 어떤 혈연관계가 있기에 중부(작은 아버지)라 불리는가? 가족을 거느리고 촉 땅으로 가도록 하여라." 촉 땅으로 추방된 여불위는, 진왕 정이 직접 통치를 한 지 3년(기원전 235년)에 독주를 마시고 스스로 목숨을 끊었다.

이상한 게 있다. 여불위는 왜 진왕 정에게 조금의 저항도 하지 않았을까? 진왕 정이 직접 통치를 하기 전 여불위의 식객은 3,000명이나 되었고, 그들이 집대성한 책《여씨춘추》를 공개하고선 "누구든 이 책에서 한 글자라도 더하거나 뺄 수 있다면 천금을 주겠다"라고 호기를 부렸던 인물이 아닌가? 무엇보다도, 끈 떨어진 한 인질에게 자기의 삶 전체를 걸었던 풍운아였던 여불위이가 아닌가? 진왕 정이 그의 목줄을 조여오는 데도 저항 한 번 하지 않은 점은 정말 의아스럽다.

사마천은 그 까닭을 알고 있었다. 진왕 정의 아버지 자초와 진왕 정, 여불위 사이엔 또 다른 얽힌 끈이 있었다. 자초가 조나라에서 볼모로 잡혀 있을 때, 여불위가 그를 진나라 왕으로 만드는 프로젝트를 가동시켰을 때의 일이다. 여불위에게 사랑하는 여인이 있었다. 자초가 여불위 집을 찾은 어느 날이었다. 그녀를 보고 자초는 한 눈에 반했다. 자초는 여불위에게 그녀를 자기 사람으로 하고 싶다고 말했다. 여불위는 그녀를 자초에게 보냈다. 그런데 그녀의 뱃속에선 이미 한 아이가 자라고 있었다. 자초의 아내가 된 여인이 아이를 낳았다. 진왕 정, 즉 진시황이다.

진왕 정이 이 사실을 알았을까? 알았을 것이다. 그의 목소리, "그대는 진나라 왕실과 어떤 혈연관계가 있기에 중부라 불리는가?"는, 그 사실을 역설적으로 입증한다. 진왕 정이 그 사실을 부인해도, 심지어는 "그대는 진나라에 무슨 공을 세워 식읍 10만호를 받았는가?"라며 누구나 다 아는 여불위의 공적을 부인해도, 그는 침묵했다. 진왕 정이 하자는 대로 했다. 아버지로서 아들을 대하는 애틋함이었으리라. 더 살다간, 아들인 진왕 정에게 애꿎은 일을 하게 할 수도 있다는 생각에, 그는 독주를 마시고 스스로 저 세상으로 가는 길을 선택했을 것이다.

여불위가 역사에서 퇴장한 건 많이 아쉽다. 진왕 정의 정치와 여불위의 정치(식객을 둔다든가, 인민을 전쟁 수단으로만 보지 않는다든가, 법가 이외의 사상을 광범위하게 받아들인다든가 하는 점)를 비교해 보면 금방 알 수도 있지만, 여불위의 사상이라 할 수 있는《여씨춘추》를 보면 두 사람이 얼마나 달랐는가를 확실히 알 수 있다.《여씨춘추》의 사상은 방대하고 포괄적이다. 이에 비하면, 이사라는 인물로 대표되는 진시황의 사상은 사상이라 할 것도 못 된다. 진왕 정의 후반기를 여불위에 의지해 이끌었다면, 진나라는 틀림없이 중국을 통일하자마자 망하지는 않았을 것이다.《여씨춘추》를 통해 제국을 건설한 뒤 정치를 어떻게 이끌어가야 하는지를 이미 준비해두었는데, 그 책은 끝내 쓰이지 못했다.

내부를 정리한 진왕 정은 이사(이사도 여불위의 식객이었다)를 옆에 두고서, 여불위가 죽은 다음 해(기원전 234년) 조나라를 쳤다. 그러나 조나라의 이목 장군에게 참패했다. 이후 군대를 다시 정비해 진나

라는 한나라를 공략하고 한나라 왕을 사로잡았다. 한나라는 사라졌다.(기원전 230년)

다음 해 조나라에 기근이 들자 진나라는 또 조나라로 군대를 몰았다. 지난번에 이목에게 패한 것을 떠올리고, 이번에는 진나라 특유의 이간책을 썼다. 뇌물을 주어 조나라 왕의 측근을 매수했다. 조나라의 장수 이목과 사마상이 반란을 꾀한다는 소문을 퍼뜨리고 그 소문이 조나라 왕의 귀에 들리게 했다. 조나라 왕은 이목과 사마상을 체포해 처형했다. 진나라 군은 아무런 저항도 받지 않은 채 조나라 수도를 함락했다. 조나라는 사실상 망했다.(기원전 228년)

이제 연나라 차례다. 연나라 태자 단이 형가를 진왕 정에게 보낸게 이때다. 다 알다시피, 치명적인 독이 발린 형가의 칼끝은 진왕 정의 몸을 파고들지 못했다. 연나라 왕은 태자 단의 머리를 바치고 잠깐 동안 연나라의 목숨을 이어갔다.(기원전 227년)

진왕 정이 위나라를 점찍었다. 젊은 장수 왕분이 위나라의 수도 대량을 포위했지만, 위나라는 항복하지 않았다. 갈 길이 바쁜 진나라는 황하의 물을 기울여 대량에 쏟아 부었다. 황하 물줄기를 그곳으로 돌린 것이다. 대량의 성벽이 황하 물에 잠겨들자 위나라 왕도 손을 들지 않을 수 없었다.(기원전 225년)

진왕 정은 이제 초나라의 목숨을 끊어 놓을 때가 되었다고 생각했다. 진나라 장수 왕전은 초나라를 치려면 적어도 60만 군대가 필요하다고 했다. 진왕 정은 미심쩍어 젊은 장수 이신에게 얼마면 초나라를 끝낼 수 있겠냐고 물었다. 20만이면 넉넉하다고 하여, 20만을 그에게 주었다. 이신은 참패했다. 진왕 정은 다시 백전노장 왕전을 찾았다. 왕전은 60만 군을 이끌고 가 초나라를 멸망시켰다.(기원전 223년)

진나라는 연나라 왕을 사로잡고 연나라를 없앴다.(기원전 222년)

이제 진나라가 중국 전체를 먹는 동안 가만히 지켜보고만 있었던 제나라를 없앨 차례다. 진나라 군은 저항을 거의 받지 않고 제나라 수도 임치를 접수했다. 상당한 힘을 갖고 있었으면서도, 한 번 겁을 집어먹은 뒤론 진나라란 소리만 들리면 경기를 일으키고 쥐구멍을 찾았던 제나라도 끝난 것이다. 강태공의 나라가 이렇게 허무하게 끝나자, 강태공이 무왕과 함께 세웠던 주나라 정치체제도 끝났다. 기원전 221년이었다.

이제 살육 전쟁은 끝난 것인가? 진시황은 중국에 평화를 가져 왔는가? 그에게 전략을 제공한 인물이자, 재상이었던 '이사'를 아주 잘 보여주는 〈이사열전〉을 살피면서 그것에 대한 이야기를 하도록 하자. 장예모의 영화 영웅도 그때 자연스럽게 평가될 것이다.

전국시대 연보

(연도는 모두 기원전임)

328년 진나라가 장의를 재상으로 삼음.

325년 진나라가 처음으로 왕을 칭함.

323년 위·한·조·초·연 5국이 연합해 진나라에 대항. 진나라 장의가 제·초 양국과 회맹.

319년 맹자, 각 국을 돌아다니기 시작.

318년 위·한·조·초·연 5국이 연합하여 진나라를 공격했으나 패함.

316년 진나라가 촉나라를 멸함.

313년 장의가 진·초 두 나라의 재상이 되어 제나라와 단교함.

312년 초 회왕이 진나라를 공격하여 대패함.

311년 장의가 각국에 유세하여 연횡책이 성립됨.

307년 진 무왕이 죽음.

306년 조 무령왕, 호복기사 시행. 《산해경》을 편집함.

302년 초나라 태자가 진나라로부터 도망쳐 돌아옴.

301년 진나라가 위·제·한 3국과 함께 초나라를 중구에서 격파함.

300년 진나라가 초나라를 대파함.

299년 진나라가 초나라를 치고 8성을 점령하자, 초 회왕이 진나라와 우호를 맺으려 들어왔다가 붙잡힘.

298년 맹상군이 제나라로 도망쳐 옴. 한·위·제 3국이 진나라의 함곡관을 공격.

297년 초 회왕 탈출에 실패.

296년 초나라 회왕이 진나라에서 죽음. 제·위·한의 합종으로 진나라 공격. 위나라 양왕과 한나라 양왕 죽음.

295년 조나라의 공자 성, 이태가 조나라 주보(무령왕)를 포위, 주보가 굶어죽음.

293년 진나라 장군 백기가 한·위 연합군을 이궐에서 격파.

289년 이 무렵 맹자가 사망함. 장자는 여전히 활동 중.

288년 진나라 소왕이 서제西帝라 칭하고, 제나라 왕을 동제東帝로 함.

285년 진나라가 제나라의 9성을 점령. 진 소왕이 초나라 왕을 만나 화친을 맺음.

284년 연·진·한·위·조의 5국군이 제나라를 침범함. 연나라의 장군 악의가 제의 수도를 정복.

280년 진나라가 초나라와 함께 조나라를 공격.

279년 연나라의 악의가 조나라로 도망침. 제나라가 연나라에게 빼앗긴 땅 회복. 진나라가 초나라의 서릉을 빼앗음. 진나라와 조나라의 회맹.

278년 진나라가 초나라의 수도 함락. 이 무렵 굴원이 투신 자살.

277년 진나라가 초나라의 무와 검중을 점령.

276년 초나라가 진나라의 장강 유역의 15읍을 수복.

275년 조나라의 염파가 위나라의 방자, 안양을 빼앗음.

272년 초나라가 태자를 볼모로 주로 진나라와 화친을 맺음. 진·위·초 3국이 연나라를 침. 연나라 혜왕 죽음.

263년 초나라의 경양왕이 죽고 태자 즉위. 춘신군이 초나라의 재상이 됨.

262년 진과 조의 장평 전투. 3년간 지속된 전투에서 조괄의 실책으로 조나라가 크게 패함.

260년 진나라의 백기 장군이 장평에서 조나라 군을 크게 무찌름. 조나라 40만 군대 떼죽음.

259년 진나라 정(진시황) 태어남. 진나라가 한·조 양국과 강화를 맺음.

257년 진나라의 백기가 자살. 위나라가 진나라를 한단에서 격파.

256년 초나라가 노나라를 멸함. 진나라가 주나라를 멸함.

251년 진 소왕 죽음. 조나라의 평원군 죽음.

250년 이 무렵 추연이 오행설을 완성함.

249년 진나라가 여불위를 상국으로 삼음. 한나라를 공격, 삼천군을 설치.

247년 위나라 신릉군이 5개국의 병력을 이끌고 진나라 군을 격퇴. 진나라 장양왕 죽음.

246년 진나라 태자 정(진시황)이 즉위.

242년 진나라가 위나라의 20성을 빼앗고 동군 설치.

238년 진나라의 장신후 노애가 반란을 일으키자, 진시황이 처리. 초나라 고열왕 죽음. 춘신군 피살. 이 무렵, 조에서 순자가 사망함.

237년 진나라, 여불위 파면.

236년 진나라가 조나라의 9성을 빼앗음.

235년 여불위 자살.

233년 한나라, 한비자를 진나라에 파견. 한비자 자살. 진나라가 조나라의 평양 점령.

230년 진나라 한나라를 멸함.

228년 진나라 조나라를 멸함. 조나라 공자 가가 자립하여 대왕代王이 됨.

227년 연나라 태자 단이 형가를 진나라로 보내 암살하려 했으나 실패. 진나라, 역수 서안에서 연나라와 대나라(조나라 후신) 연합군 격파.

225년 진나라 장군 왕분이 위나라를 침. 위나라 멸망.

224년 진나라 장군 왕전과 몽무가 초나라를 쳐 대승함. 초나라 장군 항연 자살.

223년 진나라 초를 멸함.

222년 진나라, 요동에서 연나라 왕을 생포해 연나라 망함. 대나라를 쳐서 대나라 왕 생포.

221년 진나라가 제나라를 멸망시켜 중국을 통일. 진시황 황제 칭호 사용.

참고문헌

《논어》, 내각본, 성균관대 대동문화연구원 영인.

《논어》, 내각본, 성균관대 대동문화연구원 영인.

마키아벨리 지음, 이남석 번역·주해, 《군주론》, 평사리, 2017.

사마천 지음, 김원중 옮김, 《사기 열전》, 민음사, 2007.

사마천 지음, 정범진 옮김, 《사기 열전》, 까치, 1995.

사마천 지음, 《사기》, 중화서국, 1959.

새번역 《성경전서》, 대한성서공회, 1993.

서울대 동양사학연구실 편, 《강좌중국사1》, 지식산업사, 1989.

수요역사연구회 엮음, 《곁에 두는 세계사》, 석필, 2007.

신동준 지음, 《열국지 교양강의》, 돌베개, 2011.

여불위 지음, 김근 옮김, 《여씨춘추》, 글항아리, 2012.

양쯔강 지음, 고예지 옮김, 《천추흥망, 진나라편》, 따뜻한손, 2009.

요코다 고레다카[橫田惟孝] 편찬, 《한문대계 22 초사》, 〈권5. 연나라 어부 제7 이소〉.

요코다 고레다카[橫田惟孝] 편찬, 《한문대계 19 전국책정해》, 〈권9. 연나라 하, 왕희王喜〉.

이성규 지음, 《중국고대제국성립사연구》, 일조각, 1993.

이성규 편역, 《사기—중국 고대사회의 형성》, 서울대출판부, 1987.

이양호 지음, 《소크라테스는 한번도 죽지 않았다—《변론》 단단히 읽기》, 평사리, 2017.

이양호 지음, 《장량》, 평사리, 2015.

진순신 지음, 권순만 외 옮김, 《중국의 역사 2권》, 한길사, 1995.

진순신 지음, 권순만 외 옮김, 《중국의 역사 3권》, 한길사, 1995.

풍몽룡 지음, 김영문 번역, 《동주 열국지》, 글항아리, 2015.

한자오치 지음, 이인호 옮김, 《사기 교양강의》, 돌베개, 2009.

함석헌 지음, 《뜻으로 본 한국역사》, 한길사, 2003.

네이버 지식백과.

두산백과.